本書で使用している画像
Speaking Test　Questions 3-4
1-1　屋内：カフェ（p.32）

1-2　屋内：会議室（p.34）

2-1　屋外：街（p.36）

2-2　屋外：庭（p.38）

Writing Test　Questions 1-5

1-1　オフィス　その1 (p.110)
man / while

1-2　オフィス　その2 (p.112)
woman / in front of

2-1　店内・室内　その1（p.114）
stand / coffee shop

2-2　店内・室内　その2（p.116）
chair / until

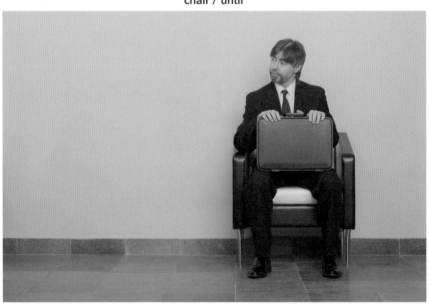

3-1　作業場　その1（p.118）
box / in

3-2　作業場　その2（p.120）
walk / construction

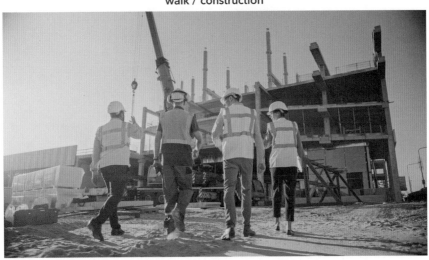

4-1 移動・旅行　その1（p.122）
stop / so that

4-2 移動・旅行　その2（p.124）
wait / but

5-1　道路・空港　その１（p.126）
car / because

5-2　道路・空港　その２（p.128）
arrive / airport

ビギナーのための
TOEIC® S&W テスト
全問題チャレンジ!

富岡恵

無料音声
ダウンロード付

ベレ出版

はじめに

数あるテキストの中から、本書を手に取っていただき、ありがとうございます。本書は2022年に刊行した『ビギナーのためのTOEIC® L&Rテスト 全パートチャレンジ！』の続編です。「聞く」「読む」というインプット強化をする前作に続いて、「話す」「書く」というアウトプットのトレーニングができるテキストです。特にTOEIC® S&Wテストをはじめて受験する方にぴったりの内容です。

TOEIC®テストというと、L&R、つまりリスニングとリーディングのテストを思い浮かべる方も多いと思います。その次のステップとしておすすめしたいのが、本書で練習するS&W、スピーキングとライティングのテストです。仕事などで英語を使う場合、聞いて読むだけではなく、話して書く場面も当然出てきます。明瞭な発音で文章を読む、写真を描写する、Eメールを書くなど、実践で必要とされるスキルをS＆W対策の本書でたっぷりトレーニングすることができます。

「話す」「書く」というアウトプットをするためには、まず「聞く」「読む」のインプットは不可欠です。L&Rテストを受験したことのある方は、そこで学習した文法や語彙を、今度はS&Wテストで実際に使うことができます。ただ、話せて書けるようになるには「場数」が大切です。実際に何度も声を出し、タイピングすることで徐々にできるようになります。本書では問題形式ごとに練習問題を掲載しています。どうぞ1度と言わず、何度も繰り返してチャレンジしてみてください。反復練習が上達への近道です。

　私自身、英語学習者として練習を重ねる中で「うまく話せた！書けた！」と感じ、そしてそれが「しっかり相手に通じた！」という瞬間がとても嬉しく、それが学習を続ける大きなモチベーションになっています。テストはその「通じる度」を数値化してくれるので、練習と上達の指針になります。

　読者の皆様が本書とテストを通して、英語と英語学習の面白さに気づき、さらに上達されますことを、メガネを輝かせて祈っております。

2023年7月　富岡恵

- - - - - - - - - - - - - - スピーキング編 - - - - - - - - - - - - - -

Questions

1-2 音読問題
Read a text aloud

Questions

3-4 写真描写問題
Describe a picture

Questions

5-7 応答問題
Respond to questions

6-7 Eメール作成問題
Respond to a written request

8 意見を記述する問題
Write an opinion essay

ライティング編コラム

別冊模試

テストの構成

スピーキング・ライティングともに、テスト構成の全体像を掴みましょう。

スピーキングテスト　全11問　約20分

内容	問題数	解答時間	課題概要	評価基準	採点スケール
Read a text aloud (音読問題)	2	各問45秒 (準備時間 各45秒)	アナウンスや広告などの内容の、短い英文を音読する	発音 イントネーション、アクセント	0～3
Describe a picture (写真描写問題)	2	各問30秒 (準備時間 各45秒)	写真を見て内容を説明する	上記の事柄すべてに加えて 文法 語彙 一貫性	0～3
Respond to questions (応答問題)	3	15秒 または30秒 (準備時間 0秒) ※各質問とビープ音の間に3秒)	身近な問題についてのインタビューに答えるなどの設定で、設問に答える または、電話での会話で、設問に答える	上記の事柄すべてに加えて 内容の妥当性 内容の完成度	0～3
Respond to questions using information provided (提示された情報に基づく応答問題)	3	15秒 または30秒 (準備時間 45秒) ※各質問とビープ音の間に3秒)	提示された資料や文書(スケジュール等)に基づいて、設問に答える	上記の事柄すべて	0～3
Express an opinion (意見を述べる問題)	1	60秒 (準備時間 45秒)	あるテーマについて、自分の意見とその理由を述べる	上記の事柄すべて	0～5

ライティングテスト　全8問　約60分

内容	問題数	解答時間	課題概要	評価基準	採点スケール
Write a sentence based on a picture (写真描写問題)	5	5問で8分	与えられた2つの語(句)を使い、写真の内容に合う一文を作成する	文法 写真と文章の関連性	0〜3
Respond to a written request (Eメール作成問題)	2	各問10分	25〜50語程度のEメールを読み、返信のメールを作成する	文章の質と多様性 語彙 構成	0〜4
Write an opinion essay (意見を記述する問題)	1	30分	提示されたテーマについて、自分の意見を理由あるいは例とともに記述する	理由や例を挙げて意見を述べているか 文法 語彙 構成	0〜5

※テスト形式・評価方法などは2023年6月時点のものです。

改訂がなされる場合がありますので、最新の情報は公式サイトを随時ご確認ください。

受験申込から当日までの流れと評価レベル

① TOEIC® Speaking & Writing テスト受験申込

公式サイト https://www.iibc-global.org/toeic/test/sw/

開催日程と開催場所を確認して、オンラインで申し込みます。

スピーキングのみの受験も可能です。

約2ヶ月前から申し込みがスタートします。

② 当日の注意点

□ 試験会場には15分ほど早めに着くようにしましょう。

　ギリギリに到着するとドキドキして問題に集中できなくなってしまいます。

□ 持ち物は、運転免許証やマイナンバーカードなどの写真付きの身分証明書です。受験票は送られてきませんので、念のため申し込み時のEメールはスクリーンショットなどで保存しておきましょう。

□ 会場内では飲食ができないので、会場に入る前に十分に水分や飴などで喉を潤しておきましょう（著者はそれに加えて、チョコレートをパクリ。糖分を脳に送ります）。

□ PC画面の前に座る前に、誓約書にサインをするように促されます。太枠で囲まれた部分の英語を書き写し、署名します。その後、顔写真を撮影されます。

□ メモ用紙とペンを渡されます。テスト中、メモはいつでもとってOKです。

□ 身分証明書を机の上に置き、ガイダンスに従ってヘッドセットを着用してテストを始めます。

□ 着席順に、受験者ごとにテストを開始していきます。周りの受験者の声に気を取られることなく、テストに集中しましょう。ヘッドセットから聞こえる音量調節の段階で、少し大きめに設定することをおすすめします。発声もできるだけ大きめの声で。

□ PCやヘッドセットに何らかの不具合が生じた際は、試験の途中でもすぐに挙手して試験スタッフに状況を伝えましょう。

□ スピーキングテスト終了後、離席はできません。入室からテスト終了まで約1時間半は、自由時間なしの集中タイムです。

□ ライティングテストが終わると、スピーキングテストで録音した自分の音声を再度聞くように促されます。録り直しはできないのですが、しっかり録音されているか確認します。もしこの段階でうまく録音されていないなど不具合があれば、その旨を試験スタッフに伝えてください。

③ テスト結果

試験日から17日後、インターネットでスコアを確認できるようになります。

試験日から18日後、デジタル公式認定書が発行されます。

試験日から30日以内に「公式認定証」が発送されます。

④ 評価レベル

スピーキング スコア	ライティング スコア
190〜200	200
160〜180	170〜190
130〜150	140〜160
110〜120	110〜130
80〜100	90〜100
60〜70	70〜80
40〜50	50〜60
0〜30	40
	0〜30

←本書の目標

※スピーキングには以下の評価も加わります。

発音：HIGH・MEDIUM・LOW（3段階）

イントネーションとアクセント：HIGH・MEDIUM・LOW（3段階）

＜本書の目標レベルの詳細＞

スピーキング：スコア110〜120
ある程度、意見を述べる、または複雑な要求に応えることができる。
ただし、応答には以下のような問題がみられる。
・言葉が不正確、あいまい、または同じ言葉を繰り返し述べている
・聞き手の立場や状況をほとんど、またはまったく意識していない
・間が長く、躊躇することが多い
・考えを表現すること、またいくつかの考えを関連づけて表現することに限界がある
・使用できる語彙・語句の範囲が限られている
また、ほとんどの場合、質問に回答し、基本的な情報を提供することができる。
しかしながら、しばしば内容は理解しにくい。
書かれたものを読み上げる際の英語は概ねわかりやすいが、自らが考えて話をするときは、
発音、イントネーション、強調すべき部分に時々誤りがある。

ライティング：スコア110〜130
簡単な情報を提供し、理由や例をあげて、または説明をして意見を裏付けることは部分的
にはできる。簡単な情報を提供する、質問する、指示を与える、または要求するときは、重
要な情報を書き忘れることがある、または文章にわかりにくい部分がある。
意見について説明しようとするときは、その意見と関連のある考えやある程度の裏付けを
提示することができる。一般的な弱点には、以下のようなものがある。
・要点の具体的な裏付けや展開が不十分である
・述べられている様々な要点同士の関連が不明確である
・文法的な誤りがある、または語彙・語句の選択が不正確である

公式サイトより抜粋。
https://www.iibc-global.org/toeic/test/sw/guide04/score01/descriptor.html

※他のレベル・スコアの詳細は上記URLの公式サイトをご確認ください。

本書の使い方

- -

本書は前半でスピーキングテスト、後半でライティングテストの練習をします。

●スピーキングテスト Questions 1-11

Questions 1-2は音読問題、Questions 3-4は写真描写問題、Questions 5-7は応答問題、Questions 8-10は提示された情報に基づく応答問題、Question 11は意見を述べる問題です。

練習問題を解く前に、各問題の準備時間や解答時間、解き方のポイントが書かれたページがあるので、その内容をしっかり読みましょう。心の準備ができたら、ストップウォッチなどで時間を計測しながらチャレンジ！その後、付属の音声と解答例の英文を確認してみましょう。その際、質問を理解できていたかどうか、単語の意味が分かっていたかどうかも確認を。再度チャレンジする時には、自分の声を録音して聞き直してみるのがおすすめです。自分の声を聞くのが恥ずかしいと感じるかもしれませんが、回数を重ねるうちに慣れていきます。自分の発話を客観的に聞いて修正し、繰り返し練習していきましょう。

解答例の付属音声はナチュラルスピードで収録しており、解答時間に余裕があります。初めからこのスピードで発話できなくても大丈夫です。繰り返し音声を聞き、一緒に読んで練習してください。スマホアプリでは再生スピードを変更できるので、その機能もご活用ください。

●ライティングテスト Questions 1-8

Questions 1-5は写真描写問題、Questions 6-7はEメール作成問題、Question 8は意見を記述する問題です。

スピーキングテスト同様、練習問題を解く前に、制限時間や出題内容を確認してください。その後、時間を測りながら練習問題をタイピングしていきましょう。その後、解答例をチェックします。取り入れたい表現をどんどん覚えていきましょう。ご自身の書いた英文が解答例と全く同じでなくても構いません。ご自身の英文の文法や語彙が正しいかどうかは、Google翻訳などの翻訳サイトや、GrammarlyやChatGTPなどで英文添削をしてみてください。日本語訳、覚えたい単語やフレーズ、練習ポイントも参考にして練習してください。

巻末には、本書で解説している問題を抜粋した「模試」をつけました。スピーキングとライティングを通して解いて、試験本番をイメージしておきましょう。

音声ダウンロード方法

- -

① パソコンで「ベレ出版」ホームページ内『ビギナーのためのTOEIC®S&Wテスト全問題チャレンジ！』の詳細ページへ。「音声ダウンロード」ボタンをクリック。

② 8ケタのコードを入力してダウンロード。

ダウンロード ┌─────────────┐ wLDUaKYu

*アメリカ英語とイギリス英語両方のファイルがダウンロードされます。

＜注意＞ スマートフォン、タブレットからのダウンロード方法については、小社では対応しておりません。

*ダウンロードされた音声はMP3形式となります。zipファイルで圧縮された状態となっておりますので、解凍してからお使いください。

*zipファイルの解凍方法、MP3携帯プレーヤーへのファイル転送方法、パソコン、ソフトなどの操作方法については、メーカー等にお問い合わせくださるか、取り扱い説明書をご参照ください。小社での対応はできかねますので、ご了承ください。

スマホで音声をダウンロードする場合

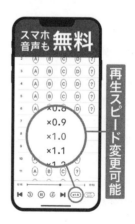

*以上のサービスは予告なく終了する場合がございます。

☞音声の権利・利用については小社ホームページ内「よくある質問」にてご確認ください。

Questions 1-2

音読問題
Read a text aloud

スピーキング最初の課題は「音読」です。2題出題されます。
準備時間は各45秒、解答時間も各45秒です。
アナウンスや広告などの内容の、短い英文を音読します。

本書では、4題練習します。
ヘッドセットのマイクを通しての録音なので、
ゆっくり、はっきり、落ち着いて音読しましょう。
できるだけイントネーションを大げさに、ナレーターになりきって
演劇風に読むのがおすすめです。

音読に慣れてきたら、スマホなどで自分の声を録音して
聞いてみてください。
大げさに読んでいるつもりでも、案外棒読みかもしれません。

1-1 アナウンス：案内

【準備時間：45秒　解答時間：45秒】

🔊 TRACK 1

Welcome to the National Gallery of Victoria. Before starting the tour, we'd like to explain a little about the works of Shin Smith. Widely known in the field of contemporary art, he has worked with watercolors, oil paintings, and sculptures since the 1980s, some of which are shown in this exhibition. Please feel his talent by actually seeing his works. We hope that seeing his works in person will allow you to appreciate his talent in full.

日本語訳

ビクトリア国立美術館へようこそ。ツアーを始める前に、シン・スミスの作品について少し説明したいと思います。現代美術の分野で広く知られる彼は、1980年代から水彩画、油絵、彫刻を手がけてきましたが、その一部が本展に出品されています。実際に彼の作品を見て、その才能を感じてください。作品をじかにご覧いただくことで、彼の才能を十分に理解していただければ幸いです。

覚えておきたい単語・フレーズ

□ explain	説明する
□ works	作品
□ widely known	広く知られた
□ exhibition	展示
□ in person	じかに・実物で・自分で
□ allow (人) to do	(人が)〜するのを可能にする・許す
□ appreciate	理解する・感謝する
□ in full	十分に

練習ポイント

□ 単語と単語をくっつけて読む。

□ toやtheなど短い単語は軽く読む。

□ "watercolors, oil paintings, and sculptures" という「A, B, and C」は「A ♪ B ♪ アンC ↘」というイントネーションで。

□ カンマとピリオドではしっかり音を下げて一時停止。

□ lとrの発音区別をしっかり。

1-2 アナウンス：交通情報

【準備時間：45秒　解答時間：45秒】

🔊)) TRACK 2

Attention, all City Metro line passengers. Due to tunnel construction works in April, the number of trains on all lines will be reduced and the last train times will be changed. For more information, please check the official website, our social media services, or the station bulletin boards. Services will return to normal operation in May.

日本語訳

シティ・メトロ線をご利用の皆様、ご注意ください。4月のトンネル工事に伴い、全線で減便と終電時刻変更を実施いたします。 詳しくは公式サイト、SNS、駅の掲示板をご確認ください。5月に通常の運用に戻ります。

覚えておきたい単語・フレーズ

□ **passenger**	乗客
□ **due to**	〜のせいで・〜のために
□ **reduce**	減らす
□ **social media service**	ソーシャル・メディア・サービス（**SNS**）
□ **bulletin board**	掲示板
□ **normal operation**	通常運用

練習ポイント

□ 単語と単語をくっつけて読む。

□ toやtheなど、短い単語は軽く読む。

□ " the official website, our social media services, or the station bulletin boards "という「A, B, and C」は「A ⤴ B ⤴ アン C ⤵」というイントネーションで。

□ カンマとピリオドではしっかり音を下げて一時停止。

□ 語尾の-sと-edの発音をしっかり。

2-1 ラジオ：広告

【準備時間：45秒　解答時間：45秒】

🔊 TRACK 3

For everyone starting a new life, Mow Appliances, celebrating its 10th anniversary, is holding a one-month special sale. Our reasonably-priced computers, cameras, and mobile devices are on sale right now. If you tell us at the time of checkout that you heard this radio advertisement, we will give you a 5% discount on the total price. Come to Mow Appliances today!

日本語訳

新生活を始める皆様へ向けて、創業10周年を迎えたモウ・アプライアンスは1ヶ月間の特別セールを開催しています。只今、お手頃価格のパソコン、カメラ、モバイル機器を販売中です。お会計時にこのラジオ広告を聞いたとお伝えいただければ、合計金額より5％割引させていただきます。モウ・アプライアンスに今日お越しください！

覚えておきたい単語・フレーズ

□ appliance	電化製品
□ anniversary	記念日・〜周年
□ reasonably-priced	お手頃価格の
□ device	機器
□ on sale	販売中
□ checkout	会計・レジ・チェックアウト
□ advertisement	広告・宣伝

練習ポイント

□ 単語と単語をくっつけて読む。

□ andやatなど短い単語は軽く読む。

□ "computers, cameras, and mobile devices"という「A, B, and C」は「A ♪ B ♪ アン C ↘」というイントネーションで。

□ カンマとピリオドではしっかり音を下げて一時停止。

□ vの発音をしっかり。

2-2 ラジオ：天気予報

【準備時間：45秒　解答時間：45秒】

🔊 **TRACK 4**

Good morning, listeners. Here's the latest local weather forecast. Yesterday's thunderstorm has passed, and it will become very sunny, dry, and warm. There is no chance of rain throughout the day today, but it'll get windy in the afternoon, and it'll be cloudy tomorrow. Hang out the laundry today, and have a pleasant day!

日本語訳

リスナーの皆さん、おはようございます。 地域の最新の天気予報です。 昨日の雷雨が過ぎ去り、とても晴れて乾燥し、暖かくなるでしょう。 今日は1日を通して雨の降る気配はありませんが、午後から風が強くなり、明日は曇りの予報です。 今日は洗濯物を干して、楽しい1日をお過ごしください！

覚えておきたい単語・フレーズ

□ latest	最新の
□ weather forecast	天気予報
□ thunderstorm	雷雨
□ throughout	〜を通して・〜中
□ laundry	洗濯物
□ pleasant	楽しい・愉快な

練習ポイント

□ 単語と単語をくっつけて読む。

□ hasやitなど短い単語は軽く読む。

□ "sunny, dry, and warm"という「A, B, and C」は「A ↗ B ↗ アン C ↘」というイントネーションで。

□ カンマとピリオドではしっかり音を下げて一時停止。

□ the afternoonのtheは、母音の前なので「ダ」ではなく「ディ」。

各問題に必要な心構え

テスト直前にこのページを見て、頭と心の整理を。

Q1-2 音読問題：内容理解・発音やイントネーションを丁寧に！

準備時間で英文の内容を理解できると音読もなめらかになります。

人名や地名などの固有名は、あらかじめ実際に声に出しておくのがおすすめです。

音読の際は、焦らず、ゆっくりはっきりとした発話を心がけて。

Q3-4 写真描写問題：背景・人の数・動作・ものの位置に注目！

できるだけ多くの事柄をすばやくかつ的確に表現したいところ。

p.31の「型」に沿って説明しましょう。

難しい単語を無理に使おうとせず、よく知っている単語を駆使していけばOK。

Q5-7 応答問題：設定と質問の理解・聞かれたことにまっすぐ答える！

場面の状況や設定と設問内容をしっかりと理解しましょう。

解答時間が短いので、余裕があればより具体的な詳細を付け加えましょう。

実話でもいいですし、その場でストーリーを作ってしまってもOKです。

Q8-10 情報応答問題：文書の読み取り・質問文の聞き取りに集中！

まず何の文書かを理解します。その後、質問文は音声だけなので超集中。

もし余裕があれば、英単語でも日本語でもいいのでキーワードをメモしてもOK。

解答は文書を見ながらでいいので、ゆっくり落ち着いて答えましょう。

Q11 意見問題：質問文の理解・主張と理由を明確に！

冒頭で「質問文に対する答え＝主張」をはっきり述べてから、その理由や具体例をできるだけ多く説明していきましょう。

発想力×瞬発力がものを言うので、準備時間には思いつくフレーズをざっとメモしてみてください。 練習の成果が本番でも出ますように！

Questions 3-4

写真描写問題

Describe a picture

スピーキング2つ目の課題は「写真描写」です。2題出題されます。

準備時間は各45秒、解答時間は各30秒です。

写真を見て人の動作や物の位置などを描写します。

本書では、4題練習します。

どの写真が出題されても対応できるように、以下の「型」に沿って、

4文〜6文程度、すばやく英文を作る練習をしていきましょう。

1) This is a picture of _____.

これは_____の写真です。（場所）

2) _____ people are 〜 ing at / in ○○.

_____人の人が○○で / の中で〜しています。（人数と動作と位置）

3) A man / woman wearing _____ is 〜 ing.

_____を着た男性 / 女性は〜しています。（人の装いとそれぞれの動作）

4) A _____ is next to / in front of ○○.

_____は○○の横 / 前にあります。（ものの位置）

1-1 屋内：カフェ

【準備時間：45秒　解答時間：30秒】

※カラー写真はp.1参照

解答例 🔊 TRACK 5

This is a picture of a cafe.

Two people are talking at a table.

A man wearing a red shirt is talking to a woman wearing a white sweater. The woman is listening to him talk and taking notes.

A coffee cup is in front of a laptop computer on the table.

日本語訳

これはカフェの写真です。

テーブルで2人が話しています。

赤いシャツを着ている男性が、白いセーターを着ている女性と話しています。

女性は彼の話を聞いて、メモを取っています。

コーヒーカップは、テーブル上のラップトップコンピューターの前にあります。

覚えておきたい単語・フレーズ

□ wear	着ている・身につけている
□ listen to (人) do	(人) が〜するのを聞く
□ take notes	メモを取る
□ in front of	〜の前に
□ laptop computer	ノートパソコン

練習ポイント

□ 場所・人数・装い・行動・ものの位置の順に説明してみましょう。

□ 焦らずゆっくり発話しましょう。少し言いよどんでも大丈夫です。

□ できるだけ止まらずにスムーズに言えるようになるまで反復練習を。

1-2 屋内：会議室

【準備時間：45秒　解答時間：30秒】

※カラー写真はp.1参照

解答例 🔊 TRACK 6

- -

This is a picture of a meeting room.

Four people are talking at a table.

A man wearing a navy shirt is using a laptop computer and explaining something.

Two women are listening and smiling.

A man wearing glasses and a blue short-sleeve shirt is also listening.

Some documents are on the table.

日本語訳

これは会議室の写真です。

4 人がテーブルで話しています。

紺色のシャツを着た男性が、ノートパソコンを操作しながら何かを説明しています。

2 人の女性が聞いて、微笑んでいます。

眼鏡をかけて青い半袖シャツを着ている男性も、聞いています。

いくつかの書類がテーブルの上にあります。

覚えておきたい単語・フレーズ

□ meeting room	会議室
□ explain	説明する
□ glasses	眼鏡
□ short-sleeve	半袖の
□ documents	書類

練習ポイント

□ 人数が多い時には左から順に描写する、と決めておきましょう。

□ 具体的なものが分からない時は、some＋複数名詞やsomethingでOK。

□ 装いや動作はできるだけ細かく説明してみましょう。

2-1 屋外：街

【準備時間：45秒　解答時間：30秒】

※カラー写真はp.2参照

解答例 🔊 TRACK 7

This is a picture of a street and a crossing.
Four people are walking across the crossing.
A woman wearing a white shirt is holding a handbag.
A man wearing a purple short-sleeve shirt is smiling.
A man wearing a patterned short-sleeve shirt is talking to a woman wearing a brown dress and a hat.
Some cars are parked along the street.
The street is lined with some trees and buildings.

日本語訳

これは通りと横断歩道の写真です。

4人が横断歩道を渡っています。

白いシャツを着た女性がハンドバッグを持っています。

紫の半袖シャツを着た男性が微笑んでいます。

柄物の半袖シャツを着た男性が、茶色のドレスに帽子をかぶった女性と話しています。

通り沿いに数台の車が停まっています。

通りにはいくつかの木々や建物が並んでいます。

覚えておきたい単語・フレーズ

□ walk across	〜を渡る
□ patterned	柄物の
□ park	駐車する
□ along	〜に沿って
□ be lined with	〜が並んでいる

練習ポイント

□ to・alongなどの前置詞を抜かさないように意識してみましょう。

□ 多くのものが写っている場合、確実に英語で言えるものを描写しましょう。

□ カラー写真なので色の情報も付け加えてみましょう。（p.2参照）

Questions 1–2 Questions 3–4 Questions 5–7 Questions 8–10 Question 11

2-2 屋外：庭

【準備時間：45秒　解答時間：30秒】

※カラー写真はp.2参照

解答例 🔊 TRACK 8

- -

This is a picture of a garden in front of a white house.

Two people are enjoying gardening.

A woman wearing a light blue short-sleeve shirt is holding a flowerpot and smiling.

A man wearing a white T-shirt inside a beige shirt is watering a flowerpot.

Some flowerpots are on the table in front of the couple.

Red, pink, and yellow flowers are blooming.

日本語訳

これは白い家の前の庭の写真です。

2人はガーデニングを楽しんでいます。

水色の半袖シャツを着た女性が植木鉢を持って微笑んでいます。

ベージュのシャツの中に白いTシャツを着た男性が植木鉢に水をやっています。

カップルの前にあるテーブルにいくつかの植木鉢が置かれています。

赤、ピンク、黄色の花が咲いています。

覚えておきたい単語・フレーズ

□ gardening	ガーデニング・園芸
□ light blue	水色 (の)
□ flowerpot	植木鉢
□ couple	カップル・夫婦
□ bloom	咲く

練習ポイント

□ 初めて描写する単数の人やものにはa または anをつけましょう。

□ 2回目に登場する時や特定できる人やものにはtheをつけましょう。

□ 動作を表す時に、is 〜ing / are 〜ing（現在進行形）のisやareを抜かさないように。

覚えておきたいテンプレフレーズ・鉄板ワード

文頭に置くテンプレフレーズTOP3を用途別にまとめました。スピーキングでもライティングでも使い勝手のいい表現なので、とっさに出てくるように例文を作成してみたり、音読して覚え込みましょう！

話題の導入をする	
According to ～	～によると
In regard to ～	～に関して
Speaking of ～	～と言えば

原因を表す	
Due to ～	～のせいで
Thanks to ～	～のおかげで
Because of ～	～という理由で

情報を付け加える	
In addition	加えて
Similarly	同様に
Moreover	さらに

時の経過を表す	
Then	そして
After that	その後
Afterward（s）	その後

例を挙げる	
For example	例えば
As an example	例としては
For instance	例えば

一般化する	
Overall	全般的に
In general	概して
Generally	一般的に

逆接を表す	
However	しかしながら
In spite of ～	～にもかかわらず
Despite ～	～にもかかわらず

順序立てて述べる	
First	第一に
Second	第二に
Finally	最後に

結論を述べる	
In conclusion	結論として
As a result	結果として
To summarize	まとめると

何かを強調する	
Most importantly	最も重要なことに
Above all	とりわけ
Especially	特に

主張を述べる	
In my opinion	私の意見では
Personally	個人的には
As far as I'm concerned	私の意見としては

対比させる	
In contrast	その一方で
On the other hand	他方で
On the contrary	それに対して

意見を述べる	
I guess 〜	〜だと思います
I think 〜	〜だと思います
I believe 〜	〜だと思います

※ guess→think→believeの順で確信度UP

理由・因果関係を述べる	
That's because 〜	それは〜だからです
The reason is that 〜	その理由は〜です
That's why 〜	よって、〜です

※結果＋That's because＋理由・原因
理由・原因＋That's why ＋ 結果

Questions 5-7

応答問題

Respond to questions

スピーキング3つ目の課題は「応答」です。身近なテーマについて
インタビューに答える形式、または電話での会話で、3問出題されます。
準備時間は0秒（各質問とビープ音の間に3秒）、解答時間は1問目と2問目
が15秒、3問目が30秒です。
本書では、2題（×3問）練習します。
解答すべき質問が出題される前に、まずどのような状況における応答か
ということを表す「前提状況」と「質問のテーマ」が提示されます。
その後、出題される3問の質問に1問ずつ答えていきます。
質問文は画面に表示されるので、落ち着いて内容を理解しましょう。

1問目と2問目は、whenとwhere、whatとwhyなど2つの疑問詞が含ま
れていることが多いので、両方に対してしっかり答えていきます。
解答の制限時間が短いので、端的に答えましょう。
3問目は少し長めの解答時間なので、質問に答えながら、時間や場所、
感想などの具体的な情報を折り込みましょう。
全体的にこれまでの課題同様、ゆっくりはっきり発話しましょう。

1-1 インタビュー その1（1問目）

【解答時間：15秒】

🔊 TRACK 9

Imagine that a Canadian marketing firm is doing research in your area.

You have agreed to participate in a telephone interview about shopping.

・・・

When do you buy daily necessities, and where do you often go shopping?

日本語訳

カナダのマーケティング調査会社があなたの地域で調査をしていることを思い浮かべてください。あなたは買い物についての電話インタビューに参加することに同意しました。

・・・

日用品はいつ購入し、よくどこに買い物に行きますか?

解答例

- -

パターン 1　🔊 **TRACK 10**

I usually buy daily necessities in the morning on weekdays, and I often go to the nearest grocery store in front of the station.

普段は平日の午前中に日用品を買い、駅前にある最寄りの食料雑貨店によく行きます。

- -

パターン 2　🔊 **TRACK 11**

Every Monday, Wednesday, and Friday, I usually shop for everyday items at one of the supermarkets near my house.

毎週月曜日、水曜日、金曜日に、家の近くにあるスーパーマーケットのひとつで普段、日用品の買い物をしています。

□ marketing firm	市場調査会社・マーケティング調査会社
□ research	調査
□ agree to do	～することに同意する
□ participate (in)	～に参加する
□ interview	インタビュー・面接
□ daily necessities	日用必需品・日用品
□ grocery store	食料雑貨店

練習ポイント

□ 頻出疑問詞を正確に捉えましょう。

when：いつ　　**where**：どこで　　**who**：誰が　　**why**：なぜ

which：どの

what kind(s) of：どんな種類の　　　　**how**：どのように

how often：どのくらいの頻度で　　　**how many**：いくつ・何個の

how much：どのくらいの（量・金額）　　**how long**：どのくらいの（距離・時間）

□ 質問文の疑問詞whenとwhereの2つに端的に答えましょう。

定着度UP練習

解答例をより定着させるために、音声を聞いて空欄補充の穴埋め練習をしてみましょう。
音読と書き込みの両方にチャレンジしてみてください。

パターン 1 🔊 TRACK 10

I usually (　　　　) daily (　　　　) in the morning on (　　　　), and I often (　　　　) to the nearest (　　　　) store in (　　　　) of the station.

普段は平日の午前中に日用品を買い、駅前にある最寄りの食料雑貨店によく行きます。

- -

パターン 2 🔊 TRACK 11

Every (　　　　), (　　　　), and (　　　　), I usually (　　　　) for everyday (　　　　) at one of the (　　　　) near my house.

毎週月曜日、水曜日、金曜日に、家の近くにあるスーパーマーケットのひとつで普段、日用品の買い物をしています。

言い換え例

□ buy — purchase

□ nearest — closest

□ Every Monday, Wednesday, and Friday
　— On Mondays, Wednesdays, and Fridays

□ items — products

1-2 インタビュー その1（2問目）

【解答時間：15秒】

🔊 TRACK 12

Imagine that a Canadian marketing firm is doing research in your area.

You have agreed to participate in a telephone interview about shopping.

・・・

What kind of shop do you go to to get a present for a friend, and how

often do you buy presents?

日本語訳

カナダのマーケティング調査会社があなたの地域で調査をしていることを思い浮かべてください。あなたは買い物についての電話インタビューに参加することに同意しました。

・・・

友達へのプレゼントを買いに行く時、どのようなお店に行きますか？
そして、どのくらいの頻度でプレゼントを購入しますか？

解答例

パターン1　🔊 TRACK 13

When I need to buy a present for a friend, I go to a department store because there are many options. I get several gifts every month to celebrate my friends' birthdays.

友達へのプレゼントを買う必要がある時は、選択肢がたくさんあるので、デパートに行きます。友達の誕生日を祝うために、毎月いくつかのプレゼントを手に入れます。

パターン2　🔊 TRACK 14

I choose presents for my friends at my favorite cake shop. But actually, I rarely buy things for my friends. I prefer to treat my friends to dinner.

お気に入りのケーキ屋さんで友達へのプレゼントを選びます。しかし実際は、友達のためにものを買うことはめったにありません。私は友達に夕食をご馳走する方が好きです。

□ what kind of	どんな種類の
□ how often	どのくらいの頻度で
□ need to	〜する必要がある
□ department store	デパート
□ option	選択肢
□ several	いくつかの
□ celebrate	祝う
□ actually	実際は
□ rarely	ほとんど〜しない・めったに〜しない
□ prefer to do	〜するのを好む
□ treat	扱う・おごる・ごちそうする

練習ポイント

□ 質問文の疑問詞 what kind of shopとhow oftenに端的に答えましょう。

□ 文法や単語を考えすぎるあまり、沈黙が長くならないように。リズミカルに知っている
　言葉を出してみましょう。

定着度UP練習

解答例をより定着させるために、音声を聞いて空欄補充の穴埋め練習をしてみましょう。
音読と書き込みの両方にチャレンジしてみてください。

パターン1 🔊 TRACK 13

(   ) I (   ) to buy a (   ) for a friend, I go to a
(   ) store (   ) there are many (   ). I get (   )
gifts (   ) month to (   ) my friends' birthdays.

友達へのプレゼントを買う必要がある時は、選択肢がたくさんあるので、デパート
に行きます。友達の誕生日を祝うために、毎月いくつかのプレゼントを手に入れます。

- -

パターン2 🔊 TRACK 14

I (   ) presents (   ) my friends at my (   ) cake shop.
But actually, I (   ) buy things (   ) my friends. I (   )
to treat my friends to (   ).

お気に入りのケーキ屋さんで友達へのプレゼントを選びます。しかし実際は、友達
のためにものを買うことはめったにありません。私は友達に夕食をごちそうする方が
好きです。

言い換え例

☐ present — gift

☐ several — some

☐ choose — select

1-3 インタビュー その1（3問目）

【解答時間：30秒】

🔊 TRACK 15

Imagine that a Canadian marketing firm is doing research in your area.

You have agreed to participate in a telephone interview about shopping.

・・・

Which of the following factors is most important to you when shopping for

clothing? Why?

・Fashion

・Price

・Preference

Questions ①—②

Questions ③—④

Questions ⑤—⑦

Questions ⑧—⑩

Question ⑪

日本語訳

カナダのマーケティング調査会社があなたの地域で調査をしていることを思い浮かべてください。あなたは買い物についての電話インタビューに参加することに同意しました。

・・・

衣料品を購入する際にあなたにとって最も重要な要素は次のうちどれですか？それはなぜですか？

・流行　・価格　・好み

解答例

パターン 1　◁)) TRACK 16

Fashion is the most important factor to me when I buy my clothes. I want to be fashionable, so I always check the current trends on the Internet or in magazines. Using that information, I go shopping for clothing.

私が服を買う時、流行が私にとって最も重要な要素です。おしゃれでいたいので、ネットや雑誌で現在の流行をチェックしています。その情報をもとに、洋服を買いに行きます。

パターン 2　◁)) TRACK 17

When I purchase my clothes, the most important factor is my own preference. I feel very comfortable wearing what I love, and I believe what I like suits me the best.

私が服を買う時、最も重要な要素は自分自身の好みです。大好きなものを着るのがとても快適で、好きなものが一番似合うと信じています。

☐ following	以下の
☐ factor	要素
☐ clothing	衣類・衣料品
☐ fashion	流行・ファッション
☐ price	価格
☐ preference	好み
☐ fashionable	おしゃれな
☐ current	現在の
☐ trend	傾向・流行
☐ purchase	購入する
☐ comfortable	心地良い・快適な
☐ suit	似合う

練習ポイント

☐ 解答時間が30秒と少し長めなので、できるだけ具体的に伝えましょう。

☐ why? に対する「理由」をとっさに思いつけるように訓練しましょう。時間をゆっくりとって、様々な理由を書き出してみてください。

定着度UP練習

解答例をより定着させるために、音声を聞いて空欄補充の穴埋め練習をしてみましょう。
音読と書き込みの両方にチャレンジしてみてください。

パターン 1 🔊 TRACK 16

(　　) is the (　　　) important (　　　) to me when I buy my
(　　) .

I want to be (　　), so I always (　　) the current (　　)
on the (　　) or in magazines. Using that (　　), I go
(　　) for clothing.

私が服を買う時、流行が私にとって最も重要な要素です。おしゃれでいたいので、ネットや雑誌で現在の流行をチェックしています。その情報をもとに、洋服を買いに行きます。

- -

パターン 2 🔊 TRACK 17

When I (　　) my (　　　), the most (　　　) factor is my
own (　　) . I feel very (　　) wearing what I (　　), and I
believe what I like (　　) me the best.

私が服を買う時、最も重要な要素は自分自身の好みです。大好きなものを着るのがとても快適で、好きなものが一番似合うと信じています。

言い換え例

☐ factor — aspect, element

☐ clothes — garments

☐ fashionable — trendy

2-1 インタビュー その2（1問目）

【解答時間：15秒】

🔊 TRACK 18

Imagine that you are talking to a friend on the telephone.

You are talking about meals.

・　・　・

Which do you prefer to eat for lunch, fast food or healthy dishes? Why?

日本語訳

あなたは電話で友人と話していると想像してください。
食事について話しています。

· · ·

昼食にファストフードと健康的な料理のどちらを食べるのが好きですか？
それはなぜですか？

解答例

- -

パターン 1　🔊 **TRACK 19**

I prefer to eat fast food for lunch because I'm busy and don't have much time to eat while working on weekdays.

平日は仕事中忙しくて食べる時間があまりないので、昼食はファストフードを食べる方が好きです。

- -

パターン 2　🔊 **TRACK 20**

I like to eat healthy dishes for lunch. This is because I want to have proper nutrition by eating healthy food. It makes me feel energetic.

私は昼食に健康的な料理を食べるのが好きです。 それは、健康的な食べものを食べて、適切な栄養を摂りたいからです。 そうすることで、活動的な気分になります。

☐ on the telephone	電話で
☐ meal	食事
☐ for lunch	昼食に
☐ healthy	健康的な
☐ dishes	料理
☐ while -ing	～している間
☐ proper	適切な
☐ nutrition	栄養
☐ make (人) do	（人に）～させる
☐ energetic	活動的な

練習ポイント

☐ whichとwhyに端的に答えましょう。

☐ 理由を述べる時は、「〇〇が好き」という文に続けてbecause、または文を区切ってからThis is because～と明示しましょう。

☐ 好みを説明する時には、具体的な理由をとっさに思いつけるようにトレーニングをしておきましょう。ストーリーを創作してもOK!

定着度UP練習

解答例をより定着させるために、音声を聞いて空欄補充の穴埋め練習をしてみましょう。
音読と書き込みの両方にチャレンジしてみてください。

パターン 1 🔊 TRACK 19

I ( ) to eat ( ) food ( ) lunch because I'm
( ) and don't ( ) much ( ) to eat while ( )
on ( ) .

平日は仕事中忙しくて食べる時間があまりないので、昼食はファストフードを食べる
方が好きです。

- -

パターン 2 🔊 TRACK 20

I ( ) to eat ( ) dishes ( ) lunch. This is ( )
I want to have ( ) nutrition by ( ) healthy food. It
( ) me feel ( ) .

私は昼食に健康的な料理を食べるのが好きです。それは、健康的な食べものを食
べて、適切な栄養を摂りたいからです。そうすることで、活動的な気分になります。

言い換え例

☐ I'm busy — I'm occupied

☐ don't have much time — have limited time

☐ I like to eat — I enjoy eating

☐ eat — have

2-2 インタビュー その2（2問目）

【解答時間：15秒】

◁ッ) TRACK 21

Imagine that you are talking to a friend on the telephone.

You are talking about meals.

・　・　・

When did you last go to your favorite diner near your house, and how often do you go there?

日本語訳

あなたは電話で友人と話していると想像してください。
食事について話しています。

・・・

家の近くのお気に入りの食堂に最後に行ったのはいつですか?また、どのくらいの頻度でそこに行きますか?

解答例

- -

パターン 1　🔊 TRACK 22

I went to my favorite diner near my house last night.
I go there at least once a week.

昨夜、家の近くのお気に入りの軽食レストランに行きました。
私は少なくとも週に1回、そこに行きます。

- -

パターン 2　🔊 TRACK 23

The last time I went to the nearest restaurant was two weeks ago.
I go there with my friends about twice a month.

最後に最寄りのレストランに行ったのは2週間前です。月に2回ほど友達とそこに行きます。

□ diner	食堂・軽食レストラン
□ at least	少なくとも
□ once a week	週に1度
□ twice a month	月に2度

練習ポイント

□ dinerはここでは「食堂・軽食レストラン」のこと。

dinner「夕食」と読み間違えないようにご注意を。

□ whenとhow oftenに簡潔に答えましょう。

「いつ行ったか」は出来事を表す過去形、「頻度」は習慣を表す現在形で表します。

□ 使いやすい「頻度」の言い方を学び、とっさに言えるようにしましょう。

every day：毎日　　　　　**every other day**：1日おきに

once a week：週に1回　　**twice a month**：月に2回

a few times a month：月に数回

about three times a year：だいたい年に3回

定着度UP練習

解答例をより定着させるために、音声を聞いて空欄補充の穴埋め練習をしてみましょう。
音読と書き込みの両方にチャレンジしてみてください。

パターン 1 🔊 TRACK 22

I (　　　) to my (　　　) diner (　　　) my house (　　　) night.

I (　　　) there (　　　) least (　　　) a week.

昨夜、家の近くのお気に入りの軽食レストランに行きました。

私は少なくとも週に1回、そこに行きます。

- -

パターン 2 🔊 TRACK 23

The (　　　) time I (　　　) to the (　　　) restaurant (　　　) (　　　) weeks (　　　). I (　　　) there (　　　) my friends about (　　　) a month.

最後に最寄りのレストランに行ったのは2週間前です。月に2回ほど友達とそこに行きます。

言い換え例

☐ went to — visited

☐ diner — restaurant

☐ house — residence

2-3 インタビュー その2（3問目）

【解答時間：30秒】

🔊 TRACK 24

Imagine that you are talking to a friend on the telephone.

You are talking about meals.

・・・

Could you recommend a restaurant that serves fresh vegetables and tell me why you recommend it?

日本語訳

あなたは電話で友人と話していると想像してください。
食事について話しています。

・・・

新鮮な野菜が食べられるおすすめのレストランとその理由を教えてください。

解答例

- -

パターン1 🔊 TRACK 25

When I want to eat fresh vegetables, I often go to a restaurant called Morning Tea in Shibuya. I recommend it because all of its dishes are reasonably priced. Also, there is a special monthly menu with a lot of vegetables every month, which is always delicious.

新鮮な野菜が食べたい時は、渋谷にあるモーニングティーというレストランによく行きます。どの料理も手頃な価格なのでおすすめです。また、毎月野菜たっぷりの月替わりメニューもあり、いつ食べてもおいしいです。

- -

パターン2 🔊 TRACK 26

I strongly recommend a Japanese shabu-shabu restaurant called Shisoji, because it serves various fresh vegetables along with pork and beef in a buffet style. You can eat as many fresh and tasty vegetables as you like. Also, it's a casual restaurant, so its atmosphere is cozy and relaxing.

シソジという日本のしゃぶしゃぶ屋さんは、豚肉や牛肉に加えて様々な新鮮な野菜をビュッフェスタイルで提供してくれるので、とてもおすすめです。新鮮でおいしい野菜が食べ放題です。また、気軽なお店なので、居心地が良くて落ち着ける雰囲気です。

☐ Could you 〜？	〜してくださいますか？
☐ recommend	推薦する・おすすめする
☐ serve	（食事などを）出す
☐ called	〜と呼ばれる
☐ reasonably priced	手頃な価格の
☐ monthly	月ごとの
☐ strongly	強く・とても
☐ various	様々な
☐ buffet	ビュッフェ・セルフサービス式の食事
☐ as many 〜 as you like	好きなだけ多くの〜
☐ tasty	おいしい
☐ casual	気軽な
☐ atmosphere	雰囲気
☐ relaxing	落ち着ける

練習ポイント

☐ 解答時間が30秒と少し長めなので、できるだけ具体的に伝えましょう。

☐ レストランの推薦理由は、値段・味・雰囲気などが挙げられます。

☐ 英語での答え方を問われているテストなので、内容は創作しても大丈夫です。

定着度UP練習

解答例をより定着させるために、空欄補充の穴埋め練習をしてみましょう。
音読と書き込みの両方にチャレンジしてみてください。

パターン 1 🔊 TRACK 25

(　　　) I want to (　　　) fresh (　　　), I (　　　) go
(　　　) a restaurant (　　　) Morning Tea (　　　) Shibuya.
I (　　　) it because all of its (　　　) are reasonably priced.
(　　　), there is a special (　　　) menu (　　　) a lot of
vegetables (　　　) month, which is always (　　　).

新鮮な野菜が食べたい時は、渋谷にあるモーニングティーというレストランによく行きます。 どの料理も手頃な価格なのでおすすめです。 また、毎月野菜たっぷりの月替わりメニューもあり、いつ食べてもおいしいです。

- -

パターン 2 🔊 TRACK 26

I (　　　) recommend a (　　　) shabu-shabu restaurant
(　　　) Shisoji, because it serves (　　　) fresh vegetables along
(　　　) pork and beef in a (　　　) style. You can eat (　　　)
many fresh and tasty vegetables as you like! (　　　), it's a
(　　　) restaurant, so its (　　　) is cozy and (　　　).

シソジという日本のしゃぶしゃぶ屋さんは、豚肉や牛肉に加えて様々な新鮮な野菜をビュッフェスタイルで提供してくれるので、とてもおすすめです。 新鮮でおいしい野菜が食べ放題です！ また、気軽なお店なので、居心地が良くて落ち着ける雰囲気です。

言い換え例

☐ often — frequently

☐ called — named

☐ also — moreover

☐ strongly — highly

☐ various — a wide selection of

音読練習5ステップ

- -

音読練習をする時に、意識したい5つのステップをp.22（Track1）音読問題の冒頭を例にご紹介します。

まずは音声を聞いて①から⑤のステップを確認。その音声を真似をしてみましょう。

「内容語」とは名詞や動詞などの意味を担う単語、「機能語」とは文法的に必要とされる単語です。以下、太字の単語が内容語です。

① 音の高低コントロール（内容語高く・機能語低く）

Welcome to the **National Gallery** of **Victoria**.

Before **starting** the **tour**, we'd **like** to **explain** a **little** about the

works of **Shin Smith**.

↑の発音を他の発音より高い音にして、メロディーをつけて歌う要領で読みましょう。

② 語尾コントロール（カンマやピリオドの前、特に上げて・超下げる）

Welcome to the **National Gallery** of **Victoria**.

Before **starting** the **tour**, we'd **like** to **explain** a **little** about the

works of **Shin Smith**.

1語の中でも特に↑と↓の差をはっきり付けて読んでみましょう。

③ スピードコントロール（内容語ゆっくり・機能語速く）

Welcome to the **National Gallery** of **Victoria**.

Before starting the **tour**, we'd **like** to **explain** a **little** about the

works of **Shin Smith**.

内容語と機能語の速さの違いを意識しましょう。

④ 音の強さコントロール（内容語強く・機能語弱く）

▼   ▼   ▼   ▼
Welcome to the **National Gallery** of **Victoria**.

▼   ▼   ▼   ▼   ▼
Before starting the **tour**, we'd **like** to **explain** a **little** about the

▼   ▼   ▼
works of **Shin Smith**.

▼の音を出す時に、強めに息を吐いて読んでみましょう。

⑤ リズムコントロール（単語と単語つなげ読み・内容語手拍子＆頷き）

▼   ▼   ▼   ▼
Welcome to the **National Gallery** of **Victoria**.

▼   ▼   ▼   ▼   ▼
Before starting the **tour**, we'd **like** to **explain** a **little** about the

▼   ▼   ▼
works of **Shin Smith**.

▼と▼の間が等間隔のリズムになるように、手拍子しながら首を前後に振って英語の
リズムを体感してみましょう。

Questions 8–10

提示された情報に基づく応答問題

Respond to questions using information provided

スピーキング4つ目の課題は「提示された情報に基づく応答」です。
提示された資料や文書に基づく質問が3問出題されます。

3つの質問文が流れる前に、文書を読むための準備時間は45秒
（各質問とビープ音の間に3秒）、

解答時間は1問目と2問目が15秒、3問目が30秒です。

質問文はどれも音声のみです。ただし3問目は音声が2度流れます。

本書では、2題（×3問）練習します。

3問の質問がひとつずつ出題される前に、答えの基盤となる情報を含んだ文書が提示されます。これが何の情報かを素早く読み取りましょう。

文書を見ながら、3つの質問に1問ずつ答えていきます。質問文は音声のみなので、集中して聞き取ります。余裕がある場合は質問内容やキーワードをメモに取ることもできます。

1問目と2問目は日程・人物・場所などに関する質問が主に出題されます。解答の制限時間が短いので、質問に端的に答えればOKです。

3問目は質問文が2度流れるので、質問をしっかり聞き取り、できるだけ多くの情報を伝えましょう。

1-1 日程表 その1（1問目）

【文書を読むための準備時間：45秒　解答時間：15秒】

Freelancers' 1-Day Conference

Tokyo Green Convention Center

November 13

Time	Session	Speaker/Facilitator
9:00-9:20 A.M.	Keynote Speech: The Five Tips for Freelancers	Sonia Smith
9:30 A.M.	Workshop: Self-introduction Practice	Sara Matsumoto
11:30 A.M.	Lunch Break	
1:00-2:00 P.M.	Lecture: How to Advertise on Social Media	Kevin Jacobs
2:00-3:00 P.M.	Workshop: Cross-industrial Exchange	Alan Kim
3:30-3:50 P.M.	Closing Speech: Proactive Mindsets	Natasha Park

---

Q1. 英文を聞き取って答えましょう。

日本語訳

フリーランサーのための1日限りの会議
東京グリーンコンベンションセンター
11月13日

時間	セッション	話者 / 進行役
午前9:00〜9:20	基調講演：フリーランサーのための 5 つのヒント	ソニア・スミス
午前9:30	ワークショップ：自己紹介の練習	サラ・マツモト
午前11:30	昼休み	
午後1:00〜2:00	講座：ソーシャルメディアで宣伝する方法	ケビン・ジェイコブス
午後2:00〜3:00	ワークショップ：異業種交流	アラン・キム
午後3:30〜3:50	閉会の辞：積極的な考え方	ナターシャ・パーク

放送される質問文 🔊 TRACK 27

Hi, I'm attending the Freelancers' 1-Day Conference. I can't see the website right now, so I hope you could answer some questions for me.
What time is the keynote speech, and who's giving it?

こんにちは、私はフリーランサーのための1日限りの会議に参加します。 現在、ウェブサイトが表示されないため、いくつか質問にお答えいただければ幸いです。
基調講演は何時で、誰が行ないますか？

解答例

- -

パターン 1 🔊 TRACK 28

Sonia Smith will give the keynote speech at 9 A.M.

ソニア・スミスが午前 9 時に基調講演を行ないます。

- -

パターン 2 🔊 TRACK 29

The keynote speech will be held at 9 A.M., and the speaker will be Sonia Smith.

基調講演は午前 9 時に行なわれ、話者はソニア・スミスです。

☐ freelancer	フリーランサー（特定の企業などに属さない人）
☐ conference	会議
☐ convention center	会議場・コンベンションセンター
☐ keynote speech	基調講演
☐ workshop	ワークショップ・研修会
☐ self-introduction	自己紹介
☐ advertise	宣伝する
☐ cross-industrial	異業種の
☐ exchange	交換・（情報などの）やりとり・交流
☐ lecture	講座・講義
☐ closing speech	閉会の辞
☐ proactive	積極的な
☐ mindset	考え方
☐ attend	参加する
☐ be held	開催される・行なわれる

練習ポイント

☐ 1問目には質問文の前に、質問者の前提となる状況が話されます。
　どういう立場の質問者なのかを想像しながら質問を聞き取りましょう。

☐ Wh-の質問文をしっかり聞いて、文書でその情報を見つけましょう。

定着度UP練習

解答例をより定着させるために、音声を聞き、日本語をヒントに英文を完成させましょう。
音読と書き込みの両方にチャレンジしてみてください。

パターン 1

Sonia Smith _____.

ソニア・スミスが午前 9 時に基調講演を行ないます。

- -

パターン 2

The keynote speech _____ and the speaker _____
_____.

基調講演は午前 9 時に行なわれ、話者はソニア・スミスです。

意識したいポイント

☐ Sonia Smith という「人」を主語にする場合は「〜する」という能動態、The
keynote speech という「もの」や「こと」を主語にする場合は「〜られる」という
受動態（be 動詞＋過去分詞）を使いましょう。

☐ これからの予定を伝えると考えて、未来を表す助動詞 will を使いましょう。
ただし、このような決まった予定の場合、現在形にしても OK です。
（will give → gives / will be held → is held / will be → is）

Questions ① - ②

Questions ③ - ④

Questions ⑤ - ⑦

Questions ⑧ - ⑩

Question ⑪

1-2 日程表 その1（2問目）

【解答時間：15秒】

Freelancers' 1-Day Conference
Tokyo Green Convention Center
November 13

Time	Session	Speaker/Facilitator
9:00-9:20 A.M.	Keynote Speech: The Five Tips for Freelancers	Sonia Smith
9:30 A.M.	Workshop: Self-introduction Practice	Sara Matsumoto
11:30 A.M.	Lunch Break	
1:00-2:00 P.M.	Lecture: How to Advertise on Social Media	Kevin Jacobs
2:00-3:00 P.M.	Workshop: Cross-industrial Exchange	Alan Kim
3:30-3:50 P.M.	Closing Speech: Proactive Mindsets	Natasha Park

---

Q2. 英文を聞き取って答えましょう。

日本語訳

フリーランサーのための1日限りの会議
東京グリーンコンベンションセンター
11月13日

時間	セッション	話者／進行役
午前9:00～9:20	基調講演：フリーランサーのための5つのヒント	ソニア・スミス
午前9:30	ワークショップ：自己紹介の練習	サラ・マツモト
午前11:30	昼休み	
午後1:00～2:00	講座：ソーシャルメディアで宣伝する方法	ケビン・ジェイコブス
午後2:00～3:00	ワークショップ：異業種交流	アラン・キム
午後3:30～3:50	閉会の辞：積極的な考え方	ナターシャ・パーク

放送される質問文　🔊 TRACK 30

I have another appointment, so I will have to leave the venue at 4 P.M.
Could you tell me what I'll miss if I leave at 4 P.M.?

別の約束があるので、午後4時に会場を出なければなりません。午後4時に出発すると何を見逃すか教えていただけますか？

解答例

- -

パターン1　🔊 TRACK 31

Sure. The convention will finish at 3:50 P.M., so you won't miss any sessions.

もちろんです。会議は午後3時50分に終了するので、見逃すセッションはありません。

- -

パターン2　🔊 TRACK 32

No problem. You can attend all the sessions because the closing speech is supposed to finish at 3:50 P.M.

問題ありません。 閉会の辞が午後3時50分に終了する予定ですので、すべてのセッションにご参加いただけます。

□ another	別の
□ appointment	（面会の）約束
□ venue	会場
□ miss	（機会などを）逃す・見逃す
□ be supposed to do	〜することになっている

練習ポイント

□ 2問目では、「〇〇時に帰る」などの質問者の特別な条件が述べられることが多いので、時間や条件を的確に聞き取りましょう。

□ Could you〜?「〜していただけますか?」という質問に対して、まずはSure.「もちろんです」、No problem.「問題ありません」などと受け答えると自然な応答になります。

定着度UP練習

解答例をより定着させるために、音声を聞き、日本語をヒントに英文を完成させましょう。
音読と書き込みの両方にチャレンジしてみてください。

パターン 1　🔊 **TRACK 31**

Sure. The convention _____., so you _____
_____.

もちろんです。会議は午後3時50分に終了するので、見逃すセッションはありません。

- -

パターン 2　🔊 **TRACK 32**

No problem. You _____ because the closing
speech _____.

問題ありません。 閉会の辞が午後3時50分に終了する予定ですので、すべてのセッションにご参加いただけます。

意識したいポイント

☐ 会議の終了時刻を先に伝えても、後に伝えてもOK。ただし、soとbecauseの
　使い分けに注意。(【理由＋, so＋結果】、【結果＋because＋理由】)

☐ 時刻の前には前置詞atを必ず置くこと。
　ちなみに、日時や曜日の際はon、年や月の際はinを置きます。

　例)・at 3:50 P.M.
　　　・on November 13th / on Monday
　　　・in 2023 / in November

Questions ①-②
Questions ③-④
Questions ⑤-⑦
Questions ⑧-⑩
Question ⑪

1-3 日程表 その1（3問目）

【解答時間：30秒】

Freelancers' 1-Day Conference
Tokyo Green Convention Center
November 13

Time	Session	Speaker/Facilitator
9:00-9:20 A.M.	Keynote Speech: The Five Tips for Freelancers	Sonia Smith
9:30 A.M.	Workshop: Self-introduction Practice	Sara Matsumoto
11:30 A.M.	Lunch Break	
1:00-2:00 P.M.	Lecture: How to Advertise on Social Media	Kevin Jacobs
2:00-3:00 P.M.	Workshop: Cross-industrial Exchange	Alan Kim
3:30-3:50 P.M.	Closing Speech: Proactive Mindsets	Natasha Park

---

Q3. 英文を聞き取って答えましょう。※この設問の音声は2回流れます。

日本語訳

フリーランサーのための1日限りの会議
東京グリーンコンベンションセンター
11月13日

時間	セッション	話者/進行役
午前9:00〜9:20	基調講演：フリーランサーのための5つのヒント	ソニア・スミス
午前9:30	ワークショップ：自己紹介の練習	サラ・マツモト
午前11:30	昼休み	
午後1:00〜2:00	講座：ソーシャルメディアで宣伝する方法	ケビン・ジェイコブス
午後2:00〜3:00	ワークショップ：異業種交流	アラン・キム
午後3:30〜3:50	閉会の辞：積極的な考え方	ナターシャ・パーク

放送される質問文 🔊 TRACK 33

I'm interested in the workshops. Could you give me the details of the workshop in the afternoon?

ワークショップに興味があります。午後のワークショップの詳細を教えていただけますか？

解答例

パターン1 🔊 TRACK 34

Sure. At 2 P.M., after the lecture, we will have a workshop, Cross-industrial Exchange facilitated by Alan Kim. It's a one-hour workshop. I hope you enjoy this workshop.

もちろんです。午後2時からは、講演会の後、アラン・キムの進行による異業種交流ワークショップを開催します。1時間のワークショップです。このワークショップを楽しんでいただければ幸いです。

パターン2 🔊 TRACK 35

OK. At this conference, there will be two workshops. At 2 in the afternoon, Alan Kim will facilitate the workshop, Cross-industrial Exchange. It will finish at 3 P.M. I hope you like it.

はい。この会議では、2つのワークショップが開催されます。午後2時から、アラン・キムがワークショップの進行役を務めます。タイトルは異業種交流です。午後3時に終了します。気に入ってもらえるといいのですが。

☐ be interested in	〜に興味がある
☐ detail	詳細
☐ in the afternoon	午後に
☐ facilitate	進行する・司会をする

練習ポイント

☐ 3問目は「詳細」を尋ねられますので、時間、内容、プレゼンターなど、細かい情報をゆっくり伝えましょう。

☐ 午前にもworkshopがありますが、質問されているのはin the afternoon「午後」のworkshopなので、その情報に絞って伝えます。

☐ 最後にI hope〜のようにコメントを添えると、自然な応答になります。

定着度UP練習

解答例をより定着させるために、音声を聞き、日本語をヒントに英文を完成させましょう。
音読と書き込みの両方にチャレンジしてみてください。

パターン 1 🔊 **TRACK 34**

Sure. At _____., after _____, we _____, _____
_____. It's _____
_____. I hope _____.

もちろんです。午後2時からは、講演会の後、アラン・キムの進行による異業種交流ワークショップを開催します。1時間のワークショップです。このワークショップを楽しんでいただければ幸いです。

- -

パターン 2 🔊 **TRACK 35**

OK. At _____, there _____. At 2 in the
afternoon, Alan Kim _____, _____
_____. It _____. I hope you like it.

この会議では、2つのワークショップが開催されます。午後2時から、アラン・キムがワークショップの進行役を務めます。タイトルは異業種交流です。午後3時に終了します。気に入ってもらえるといいのですが。

意識したいポイント

□ 場所を表す際は前置詞at またはinを使いましょう。
　・at + 地点　　at this conference
　・in + 空間　　in Room 3

□ ～A.M.は～in the morning、～P.M.は～in the afternoonと言い換えができます。

□ 「～がある (予定)」はwe will have ～またはthere will be ～で表せます。

2-1 日程表 その2（1問目）

【文書を読むための準備時間：45秒　解答時間：15秒】

PASMORE Corporation
〈Job interviews〉

Date: January 31st
Location: Room C

Time	Applicant Name	Position Applied For	Interviewer	
10:00 A.M.	Michael Nash	Project Director	Mirabel Izzard	
10:30 A.M.	Tom Kimberly	Sales Representative	Kelly Morris	
11:00 A.M.	Gordon Ingram	General Administrator	Mirabel Izzard	
~~11:30 A.M.~~	~~Keith Morley~~	~~Technical Manager~~	~~Kelly Morris~~	Postponed
12:00 P.M.	Tristan Kissack	Sales Representative	Yumi Abby	
12:30 P.M.	Shaun Kerney	Public Relations Leader	Kelly Morris	

Q1. 英文を聞き取って答えましょう。

日本語訳

株式会社パスモア
〈採用面接〉

日付：1月31日
場所：ルームC

時間	応募者名	応募職種	面接官	
午前10時	マイケル・ナッシュ	企画監督者	ミラベル・イザード	
午前10時30分	トム・キンバリー	営業担当者	ケリー・モリス	
午前11時	ゴードン・イングラム	一般管理者	ミラベル・イザード	
~~午前11時30分~~	~~ケイス・モーリー~~	~~技術部長~~	~~ケリー・モリス~~	延期
午後12時	トリスタン・キサック	営業担当者	ユミ・アビー	
午後12時30分	ショーン・カーニー	広報リーダー	ケリー・モリス	

放送される質問文 ◁𝅘 TRACK 36

Hi, I'm Kelly. I'm on the way to the office. But I think I need to head to the room straight without looking at the schedule at my desk, so can you help me confirm the information today? Where will the interviews be held, and what time will my first interview start?

こんにちは、ケリーです。私はオフィスに行く途中です。でも、デスクのスケジュールを見ずにそのまま部屋に向かわなければならないと思うので、今日の情報を確認するのを手伝ってくれませんか？面接はどこで行なわれ、最初の面接は何時に始まりますか？

解答例

- -

パターン 1 ◁𝅘 TRACK 37

The location of the job interviews is Room C, and your first interview will start at 10:30 A.M.

採用面接場所はルームCで、最初の面接は午前10時30分に始まります。

- -

パターン 2 ◁𝅘 TRACK 38

Sure. Your first job interview will start at 10:30 A.M. in Room C.

もちろんです。最初の採用面接はルームCで午前10時30分開始です。

☐ job interview	求職面接・採用面接
☐ applicant	応募者
☐ position	職種・地位
☐ apply for	～に応募する
☐ interviewer	面接官
☐ director	監督者・ディレクター
☐ sales representative	営業担当者
☐ general	一般の
☐ administrator	管理者
☐ technical	技術の
☐ manager	部長・マネージャー
☐ public relations	広報
☐ on the way to	～へ行く途中
☐ head to	～に向かう
☐ without -ing	～せずに
☐ confirm	確認する

練習ポイント

☐ 質問の前の前提文から質問者の状況や場面を想像しましょう。

☐ whereとwhat timeという2つの質問にしっかり答えましょう。

☐ Can you～?「～してくれますか?」という依頼文にSure.「もちろんです。」と応じて
から、質問に答えてもOKです。

定着度UP練習

解答例をより定着させるために、音声を聞き、日本語をヒントに英文を完成させましょう。
音読と書き込みの両方にチャレンジしてみてください。

パターン 1 🔊 TRACK 37

The location _____, and your first interview
_____.

採用面接場所はルームCで、最初の面接は午前10時30分に始まります。

- -

パターン 2 🔊 TRACK 38

Sure. Your first job interview _____.

もちろんです。最初の採用面接はルームCで午前10時30分開始です。

意識したいポイント

☐ パターン1は、場所と時間の情報をandで分けて伝えています。
　パターン2は「時間→場所」という順で1文で伝えています。どちらでもOKです。

☐ 質問のmy first interviewを受けて、your first（job）interviewと代名詞の
　所有格をしっかり入れましょう。

2-2 日程表 その2（2問目）

【解答時間：15秒】

PASMORE Corporation
〈Job interviews〉

Date: January 31st

Location: Room C

Time	Applicant Name	Position Applied For	Interviewer	
10:00 A.M.	Michael Nash	Project Director	Mirabel Izzard	
10:30 A.M.	Tom Kimberly	Sales Representative	Kelly Morris	
11:00 A.M.	Gordon Ingram	General Administrator	Mirabel Izzard	
~~11:30 A.M.~~	~~Keith Morley~~	~~Technical Manager~~	~~Kelly Morris~~	Postponed
12:00 P.M.	Tristan Kissack	Sales Representative	Yumi Abby	
12:30 P.M.	Shaun Kerney	Public Relations Leader	Kelly Morris	

Q2. 英文を聞き取って答えましょう。

日本語訳

株式会社パスモア
〈採用面接〉

日付：1月31日
場所：ルームC

時間	応募者名	応募職種	面接官
午前10時	マイケル・ナッシュ	企画監督者	ミラベル・イザード
午前10時30分	トム・キンバリー	営業担当者	ケリー・モリス
午前11時	ゴードン・イングラム	一般管理者	ミラベル・イザード
~~午前11時30分~~	~~ケイス・モーリー~~	~~技術部長~~	~~ケリー・モリス~~ 延期
午後12時	トリスタン・キサック	営業担当者	ユミ・アビー
午後12時30分	ショーン・カーニー	広報リーダー	ケリー・モリス

放送される質問文　　🔊 TRACK 39

In the morning, I'm supposed to be in charge of two interviews. Is that right?

午前中は、私は2件の面接を担当することになっています。それで合っていますか？

解答例

- -

パターン1　　🔊 TRACK 40

Not two but one. The second interview at 11:30 was postponed.

2つではなくひとつです。11時30分の2回目の面接は延期されました。

- -

パターン2　　🔊 TRACK 41

Actually, you will have only one interview in the morning, because the second one was postponed.

実は2回目が延期になりましたので、午前中の面接は1回だけです。

89

□ in the morning	午前中に
□ be supposed to do	〜することになっている
□ in charge of	〜を担当する
□ not A but B	AではなくB
□ postpone	延期する

練習ポイント

□ in the morning「午前中」をしっかり聞き取って、A.M.の予定にご注目を。

□ 情報を訂正する時には、イントネーションで強調して伝えましょう。

□ was postponed「延期された」という理由も明示しましょう。

定着度UP練習

解答例をより定着させるために、音声を聞き、日本語をヒントに英文を完成させましょう。
音読と書き込みの両方にチャレンジしてみてください。

パターン1　🔊 **TRACK 40**

＿＿＿＿＿＿＿＿. The second interview ＿＿＿＿＿＿＿＿＿＿＿.

2つではなく1つです。11時30分の2回目の面接は延期されました。

- -

パターン2　🔊 **TRACK 41**

Actually, you ＿＿＿＿＿＿＿＿＿＿＿＿＿＿＿＿＿＿, because

＿＿＿＿＿＿＿＿＿＿＿＿.

実は2回目が延期になりましたので、午前中の面接は1回だけです。

意識したいポイント

□ パターン1のnot A but Bは「AではなくB」ということが表せます。端的に訂正する際には便利ですが、直接的な言い方なので、パターン2の方がより丁寧です。

□ 表の中で線が引かれている情報は、すでに決定されたことなので、was postponed「延期された」という過去形を使いましょう。

□ パターン2にあるactually「実は、実際は」という副詞は、相手の発言や予想などを訂正する時に、文の冒頭に置いて使います。

2-3 日程表 その2（3問目）

【解答時間：30秒】

PASMORE Corporation

〈Job interviews〉

Date: January 31st

Location: Room C

Time	Applicant Name	Position Applied For	Interviewer
10:00 A.M.	Michael Nash	Project Director	Mirabel Izzard
10:30 A.M.	Tom Kimberly	Sales Representative	Kelly Morris
11:00 A.M.	Gordon Ingram	General Administrator	Mirabel Izzard
~~11:30 A.M.~~	~~Keith Morley~~	~~Technical Manager~~	~~Kelly Morris~~ Postponed
12:00 P.M.	Tristan Kissack	Sales Representative	Yumi Abby
12:30 P.M.	Shaun Kerney	Public Relations Leader	Kelly Morris

Q3. 英文を聞き取って答えましょう。※この設問の音声は2回流れます。

日本語訳

<table>
<tr><td colspan="4" align="center">株式会社パスモア
〈採用面接〉</td></tr>
<tr><td colspan="4">日付：1月31日
場所：ルームC</td></tr>
<tr><td>時間</td><td>応募者名</td><td>応募職種</td><td>面接官</td></tr>
<tr><td>午前10時</td><td>マイケル・ナッシュ</td><td>企画監督者</td><td>ミラベル・イザード</td></tr>
<tr><td>午前10時30分</td><td>トム・キンバリー</td><td>営業担当者</td><td>ケリー・モリス</td></tr>
<tr><td>午前11時</td><td>ゴードン・イングラム</td><td>一般管理者</td><td>ミラベル・イザード</td></tr>
<tr><td>午前11時30分</td><td>ケイス・モーリー</td><td>技術部長</td><td>ケリー・モリス　延期</td></tr>
<tr><td>午後12時</td><td>トリスタン・キサック</td><td>営業担当者</td><td>ユミ・アビー</td></tr>
<tr><td>午後12時30分</td><td>ショーン・カーニー</td><td>広報リーダー</td><td>ケリー・モリス</td></tr>
</table>

放送される質問文 ※この設問の音声は2回流れます。 🔊 TRACK 42

Can you give me all the applicants' details for my interviews today?

今日の私の面接応募者の詳細をすべて教えてもらえますか？

解答例

- -

パターン 1 🔊 TRACK 43

Your first interviewee at 10:30 A.M. will be Tom Kimberly, and he applied for the job of a sales representative. The second one at 12:30 P.M. will be Shaun Kerney, and he applied to be a public relations leader.

午前10時30分の最初の面接対象者はトム・キンバリーで、彼は営業担当者の仕事に応募しました。 午後12時30分の2つ目の面接対象者はショーン・カーニーで、彼は広報リーダーに応募しました。

- -

パターン 2 🔊 TRACK 44

At 10:30 A.M., you will meet Tom Kimberly, who applied for a sales representative position. At 12:30 P.M., you will talk with Shaun Kerney, who wants to be a public relations leader.

あなたは午前10時30分に、営業担当者の職に応募したトム・キンバリーに会います。 午後12時30分に、広報リーダー希望のショーン・カーニーと話をします。

□ Can you 〜 ?	〜してもらえますか？
□ first	最初の・ひとつ（人）目の
□ interviewee	面接対象者
□ second	2つ（2人）目の

練習ポイント

□ applicants「応募者」の詳細は名前と、Position Applied For「応募職種」を
明確に伝えましょう。

□ 時間の情報を加えると、より分かりやすく伝えることができます。

□ 表の情報を見ながら、ひとつひとつ落ちついて説明しましょう。

定着度UP練習

解答例をより定着させるために、音声を聞き、日本語をヒントに英文を完成させましょう。
音読と書き込みの両方にチャレンジしてみてください。

パターン 1 🔊 TRACK 43

Your first interviewee _____, and he
_____. The second one __
_____, and he _____
_____.

午前10時30分の最初の面接対象者はトム・キンバリーで、彼は営業担当者の仕
事に応募しました。 午後12時30分の2つ目の面接対象者はショーン・カーニーで、
彼は広報リーダーに応募しました。

- -

パターン 2 🔊 TRACK 44

At _____., _____, who _____
_____. At _____., you _____
_____, who _____.

あなたは午前10時30分に、営業担当者の職に応募したトム・キンバリーに会います。
午後12時30分に、広報リーダー希望のショーン・カーニーと話をします。

意識したいポイント

☐ パターン1のapply（過去形applied）はapply for〜またはapply to be〜の
　どちらでもOKです。

☐ パターン2のようにmeet「会う」をtalk to「〜に話す」、applied for「〜に応募し
　た」をwant(s) to be「〜になることを希望する」と言い換えることもできます。

☐ 人の説明をする時は、関係代名詞whoが使えます。人（先行詞）の直後にwho、
　さらにその後ろに動詞を置くと「〜する人」ということが表せます。
　人名の後ろにwhoを置く場合、カンマ＋whoという表記で、特定できる人の情報を
　付け足すニュアンスになります。スピーキングでは人名の後に少しポーズを置きまし
　ょう。

受験体験談

著者が具体的に行なった練習や、受験をした時の模様をご紹介します。

・受験申し込み完了→毎日トレーニング in お風呂

英語を話す「口」の筋トレとして、英語で独り言を言うという練習を増やしました。日頃からお風呂タイムでその日の出来事を英語で唱えてみることがあるのですが、SW テストを申し込んでからは、お風呂に入る前にチラリと問題を見ておいて、お風呂に入りながら考えた解答や模範解答をたくさん唱えました。

・音声録音は必須！

お風呂での英語唱えと並行して、スマートフォンの録音機能を使って、自分の声を録音しました。自分で自分の声を、それも英語を聞くのは照れくさいですが、やっているうちに慣れてきました。そして「案外声が出ていないな」とか「かなり間が空いたと思っていたけれど、そうでもないな」など、いろんなことに気づきました。テストのイメージトレーニングにもなるので、効果絶大でした。

・テスト中は身振り手振りをつけながら

テストではパソコンに向かって話します。とはいえ「画面の向こうに聞いている人がいる！」と思って身振り手振りをつけてみたら、とても話しやすくなりました。イントネーションはできるだけ大げさに、声もハキハキ大きめに。緊張するとどうしても早口になりやすいので、かなり意識してゆっくり発話しました。

・本番はあっという間！

スピーキングテスト自体は約20分。あっという間に終わります。
緊張はしますが、問題に慣れて反復練習しておけば、しっかり本番に対応できます。出題される問題との「相性」もあって、答えにくい問題もあるかもしれませんが、積み重ねた練習を思い出して、心を強く持って臨んでいきましょう。

Question 11

意見を述べる問題

Express an opinion

スピーキング5つ目の課題は「意見」です。

あるテーマについて、自分の意見とその理由を述べます。

1題出題されます。準備時間は45秒、解答時間は60秒です。

本書では、2題練習します。

どの問題でも、主張・理由・具体例を述べるように指示されます。

すばやく主張を定め、理由と具体例をできれば2セット説明します。

まずは思いつく単語をメモしてみると、話す道筋が決めやすくなります。

そして、質問に対する主張（賛成 or 反対 / ～だと思う）+理由&具体例+主張再提示という順で英文を組み立てます。主張と理由を明確に、具体例をできるだけ詳しく話せると、説得力のある意見になります。

また、これまでの課題同様、ゆっくりはっきり発話しましょう。

掲載する2題にはそれぞれ、2パターンずつ解答例を載せましたので、どちらも音読・書き取り・暗唱の順で繰り返し取り組んで、どんな問題でもアレンジすれば答えられる「発話の型」を染みこませてみましょう。

1 仕事・働き方に関わるトピック

【準備時間：45秒　解答時間：60秒】

🔊 TRACK 45

【質問文】

Would you prefer to work in a company as an employee, or be self-employed? Why? Give reasons and examples to support your opinion.

日本語訳

会社員として会社で働くのと、自営業をするのとでは、あなたはどちらを選びますか？
それはなぜですか？　あなたの意見を裏付ける理由と例を挙げてください。

解答例

パターン 1　🔊 TRACK 46

I prefer to work in a company. There are two reasons for my preference.〈主張〉

First, working for a company allows me to have a stable income and status. In a tricky situation with many sudden changes, such as the COVID pandemic, it's hard for everybody to keep their social and financial status stable. In such cases, companies can support our lives.
〈理由①&具体例〉

Second, in a company, I have some coworkers who can share ideas and support each other. If we sell something, it's much more efficient and faster to plan, create, deliver and sell the product together with many colleagues.〈理由②&具体例〉

That's why I prefer to work in a company as an employee.〈主張再提示〉

　私は会社で働く方が好きです。　好きな理由は2つあります。
　第一に、会社で働くことで、安定した収入と地位を得ることができます。新型コロナウイルス感染症のパンデミックなど、急激な変化が多い、難しい状況では、誰もが社会的および経済的状態を安定的に保つことは困難です。そんな時、企業は私たちの生活を支えてくれます。
　第二に、会社にはアイデアを共有し、お互いをサポートできる同僚がいます。何かを販売する場合、多くの同僚と一緒に商品を企画、作成、納品、販売する方がはるかに効率的で迅速です。
　そのため、私は企業で社員として働くことを好みます。

Questions ①－②
Questions ③－④
Questions ⑤－⑦
Questions ⑧－⑩
Question ⑪

解答例

- -

パターン 2　　🔊 TRACK 47

I prefer to be self-employed. I have two reasons to support my opinion. 〈主張〉

First, being self-employed means I can decide everything by myself. For example, I can choose my ideal working environment, including my everyday schedule, appropriate workload, and a comfortable place to work. 〈理由①&具体例〉

Second, I can work freely with various people and clients in diverse fields. In a company, there are some rules or policies to follow. On the other hand, as a self-employed person, I can be more flexible, and adapt to the clients' preferences. 〈理由②&具体例〉

Thus, I prefer to work independently as a self-employed person. 〈主張再提示〉

　私は自営業の方が好きです。私の意見を支える理由は 2つあります。
　第一に、自営業ということは、すべて自分で決められるということです。例えば、毎日のスケジュール、適切な仕事量、快適な職場などを含む理想的な作業環境を選択できます。
　第二に、多様な分野のさまざまな人や顧客と自由に仕事ができます。会社では、従うべきいくつかのルールや方針があります。一方、自営業者として、私はより柔軟で、顧客の好みに適応することができます。
　そのため、私は個人事業主として独立して働くことを好みます。

覚えておきたい単語・フレーズ

☐ Would you 〜?	〜しますか？
☐ employee	従業員・会社員
☐ self-employed	自営業・個人事業主
☐ opinion	意見
☐ allow (人) to do	(人が) 〜するのを可能にする・許す
☐ stable	安定した
☐ income	収入
☐ status	地位
☐ tricky	難しい・危険な
☐ sudden	突然の
☐ financial	経済的な・財政的な
☐ colleague / coworker	同僚
☐ mean	意味する
☐ decide	決める
☐ ideal	理想の
☐ environment	環境
☐ including	〜を含む
☐ appropriate	適切な
☐ diverse	多様な・異なる
☐ policy	方針
☐ follow	従う
☐ independently	独立して

練習ポイント

☐ 2択の場合は直感ですばやく主張を選んで、理由と具体例を考える練習を。

☐ 「主張→理由＆具体例→主張再提示」の構成を意識して、まずは日本語でトライ。

☐ 細かい文法よりも、内容を重視して。間違いを恐れず、話し続けましょう。

☐ 発話練習の後は、文字に書き起こして、文法等や単語の見直しを。

2　勉強・学び方に関わるトピック

【準備時間：45秒　解答時間：60秒】

◁)) TRACK 48

【質問文】

Do you agree or disagree with the following statement?

High school students should be allowed to use their mobile phones during class.

Use specific reasons and examples to support your opinion.

日本語訳

次の意見に賛成ですか、反対ですか?
高校生は授業中に携帯電話の使用を許可されるべきです。
あなたの意見を裏付ける具体的な理由と例を挙げてください。

解答例

- -

パターン 1　◁》 TRACK 49

I agree that high school students should be allowed to use their mobile phones during class. 〈主張〉

This is because nowadays, students use mobile phones not only as communication tools but also as convenient devices for study. For example, when learning some foreign languages, young people rarely use paper dictionaries. Instead, they usually open online dictionary websites by using their mobile phones. 〈理由&具体例〉

Therefore, they should be allowed to use mobile phones in the classroom, and be taught how to utilize them effectively as their learning tools. 〈主張再提示〉

　高校生が授業中に携帯電話の使用を許可されるべきだということに賛成です。
　これは、昨今、学生が携帯電話をコミュニケーションの道具としてだけでなく、勉強のための便利な機器としても使用しているためです。
　例えば、外国語を学ぶ時、若者はめったに紙の辞書を使用しません。その代わりに、彼らは通常、携帯電話を使用してオンライン辞書のウェブサイトを開きます。
　したがって、彼らは教室での携帯電話の使用を許可され、学習の道具として効果的に使用する方法を教わるべきです。

解答例

- -

パターン 2　🔊 TRACK 50

I disagree with the idea that high school students should be allowed to use their mobile phones during class. 〈主張〉

This is because using mobile phones can disturb everybody in the classroom. For example, when students' mobile phones get calls or texts, even if they select the vibration mode, we can hear the vibrating sound, especially in a quiet place such as a classroom. And this might disturb the teacher or other students. Also, the students who use their mobile phones can't concentrate properly on studying in class. They might want to reply to messages from their friends even during class, preventing them from focusing in class. 〈理由&具体例〉

That's why I disagree with the idea. 〈主張再提示〉

私は、高校生が授業中に携帯電話の使用を許可されるべきだという考えに反対です。
携帯電話を使用すると教室にいる全員の邪魔をする可能性があるためです。例えば、学生の携帯電話に電話やメールが来た場合、振動モードを選択していても、特に教室などの静かな場所では、振動音が聞こえます。そして、これは教師や他の生徒の邪魔になるかもしれません。また、携帯電話を使用している学生は、授業での勉強に適切に集中することができません。授業中でも友達からのメッセージに返信したくなり、授業に集中できなくなることがあるかもしれません。
よって、私はその考えに反対します。

覚えておきたい単語・フレーズ

☐ disagree with	〜に反対する
☐ statement	意見
☐ mobile phone	携帯電話
☐ during class	授業中
☐ specific	特定の・具体的な
☐ convenient	便利な
☐ device	機器
☐ foreign language	外国語
☐ instead	その代わりに
☐ therefore	したがって
☐ utilize	利用する・使用する
☐ effectively	効果的に
☐ tool	道具
☐ call	電話
☐ text	テキストメッセージ・(携帯電話の) メール
☐ vibration mode	振動モード
☐ especially	特に
☐ disturb	邪魔をする・妨げる
☐ concentrate on	〜に集中する
☐ properly	適切に
☐ reply to	〜に返信する
☐ prevent (人) from -ing	(人が) 〜するのを阻止する

練習ポイント

☐ This is because〜「これは〜だからです」、For example「例えば」、That's why〜「よって、〜です」など定型フレーズを駆使！

☐ 具体例は実際に体験したことでもストーリーを作ってもOK。

☐ ストップウォッチで準備時間45秒、解答時間60秒を測りながら、繰り返し発想＆発話練習をして、この問題形式に慣れていきましょう。

各問題に必要な心構え

テスト直前にこのページを見て、頭と心の整理を。

Q1-5 写真描写問題：簡潔な文でOK！正確さを重視して。

5枚の写真を見てテンポよく、知っている単語で作文しましょう。

人が写っている写真は、人を主語にすると書きやすいです。

もののみの写真は、位置や状態を描写します。

1枚の写真につき1分×5枚＝5分で作文して、残りの3分は見直しを。

動詞の時制や形、冠詞(a / an / the)、複数形、カンマやピリオドなど、ケアレスミスを減らしましょう。

Q6-7 Eメール作成問題：条件をしっかり意識して返信を！

まずは出題された英文を読んで、誰から、何についてのEメールなのかを理解します。

返信する時の条件が必ず提示されるので、条件を確実に満たす文章を。

ここでも簡潔に、知っている単語でOKです。

1題10分(×2題)ありますが、それぞれ最後の3分は見直しに当てましょう。

Q8 意見を記述する問題：主張・理由3つ・具体例を素早く発想＆タイピング！

最後の問題はスピード勝負です！

制限時間は30分ありますので、最初の5分でお題確認＆構成メモ作り、20分でタイピング、5分で見直しという時間配分で書いていきましょう。

主張を決めたら、その根拠となる理由を3つと具体例できるだけ多く思い浮かべて、英文にしていきましょう。目標は300語です。最後まで諦めずに書き上げてください！

Questions 1-5

写真描写問題

Write a sentence based on a picture

ライティング1つ目の課題は「写真描写」です。

5問出題されます。

与えられた2つの語(句)を使い、写真の内容に合う一文を作成します。

解答時間は5問で8分です。

1問1分で書いて、残り3分で見直しするのがおすすめです。

本書では10題練習します。

スピーキングの「写真描写問題」ととても似ていますが、異なるのは、

写真1枚につき2語の指定語を用いて、英文を作るという点です。

2語のうちのひとつは名詞か動詞の場合が多いので、それらを使って文を完成させましょう。

2語の指定語と、主語、動詞をしっかり含んでいれば、シンプルな文でもOKです。本番では文法やつづりが確実な表現を使って、写真を描写しましょう。

指定語を使う順番は、どちらが先でもOKです。

初めから英文を書こうとせずに、まず日本語で指定語を含むシンプルな文を作ってから、それを英文にするという手順がおすすめです。テスト前にもらえるメモ用紙に下書きしてみましょう。

名詞と動詞の他に、前置詞と接続詞も指定語になることもあります。

人やものの位置やストーリー展開を描写する時に便利な前置詞と接続詞は次のページの表にまとめました。意味をしっかり確認して、場合に応じて使えるようにしましょう。

☆前置詞（句）の後ろには名詞・動名詞を置く。

前置詞（句）	意味	例	意味
on	〜の上に	on the street	路上で
in	〜の中に	in the box	箱の中に
at	〜で・に	at the airport	空港で
to	〜へ・に	to the place	その場所へ
for	〜へ・ために	for the customers	お客さんのために
into	〜の中へ	into the tunnel	トンネルへ
from	〜から	from my house	私の家から
under	〜の下に	under the desk	机の下に
in front of	〜の前で	in front of some members	メンバー数人の前で
behind	〜の後ろに	behind the counter	カウンターの後ろに
before	〜の前に	before departure	出発前に
after	〜の後に	after arrival	到着後

☆接続詞の後ろには主語・動詞を置く。

接続詞（句）	意味	例	意味
when	〜する時	when she gave a presentation	彼女がプレゼンをした時
while	〜している間	while he is working	彼が働いている間
because	〜なので	because something happened	何かが起こったので
so that	〜するように	so that he can fix it	彼がそれを直せるように
before	〜の前に	before the planes depart	飛行機が出発する前に
after	〜の後に	after the planes arrived	飛行機が到着した後に
until	〜するまで	until his name is called	彼の名前が呼ばれるまで

1-1 オフィス　その1

【解答時間：1分】

man / while

※カラー写真はp.3参照

解答例

- -

パターン 1

A man is talking on the phone while (he is) checking something on the computer.

男性がコンピューターで何かを確認しながら、電話で話しています。

- -

パターン 2

While looking at a document on a laptop, a man is speaking to someone on the phone.

ノートパソコンで書類を見ながら、男性が電話で誰かと話しています。

覚えておきたい単語・フレーズ

☐ **on the computer**	パソコンで・コンピューターで
☐ **look at**	〜を見る
☐ **document**	書類

練習ポイント

☐ 2つの指定語は、どの順番で用いてもOKです。

☐ manなどの「人」が指定語にある場合は、動作を描写しましょう。

☐ 主語と動詞をしっかり入れた文を書きましょう。

☐ 主節の主語a manと接続詞while「〜している間」の後ろの主語heは同じ人を指しています。このような場合、whileの後ろの主語+be動詞は省略できます。

☐ パターン2のlaptop「ノートパソコン」は1語でもOKですし、laptop computerとしてもOKです。

1-2 オフィス　その2

【解答時間：1分】

woman / in front of

※カラー写真はp.3参照

解答例

- -

パターン 1

A woman is giving a presentation in front of her colleagues.

女性が同僚の前でプレゼンテーションを行なっています。

- -

パターン 2

In front of some people sitting at a table, a woman is explaining some data.

テーブルに座っている人々の前で、女性がデータを説明しています。

覚えておきたい単語・フレーズ

□ give a presentation	プレゼンテーションをする・発表する
□ sit at a table	テーブルに座る
□ explain	説明する

練習ポイント

□ 人の「動作」を表す時は、be動詞＋-ingの現在進行形がぴったりですが、gaveや explainedなどと過去形にしてもOKです。

□ 冠詞（a）や所有格（her）、名詞の複数形（colleagues）などの見直しを。

□ in front of「〜の前に」という位置情報も正確に加えましょう。パターン2のように文頭に置くこともできますが、その場合はカンマを忘れずに。

2-1 店内・室内　その1

【解答時間：1分】

stand / coffee shop

※カラー写真はp.4参照

解答例

- -

パターン1

Some customers are standing at the counter in a coffee shop.

喫茶店のカウンターに何人かのお客さんが立っています。

- -

パターン2

In a coffee shop, a female staff member is standing behind the counter.

喫茶店で、女性の店員がカウンターの後ろに立っています。

覚えておきたい単語・フレーズ

□ customer	客
□ female	女性の
□ behind	〜の後ろに

練習ポイント

□ 指定語に動詞 (stand) がある場合は、その動作をしている主語をしっかり定めましょう。この問題の場合は、お客さん (パターン1のcustomers) でも、女性の店員 (パターン2のa female staff member) でもOKです。

□ 「店員」はstaffだと集合的な店員全体を指すので、1人を指す場合はa staff memberとします。

□ coffee shopやstaff memberのように、初めて登場する数えられる名詞 (可算名詞) の前には不定名詞a (またはan) を置きますが、この写真のcounter「カウンター」のように、その場所にひとつしかないだろうと「特定」される名詞の前には、定冠詞theを置きます。

2-2 店内・室内　その2

【解答時間：1分】

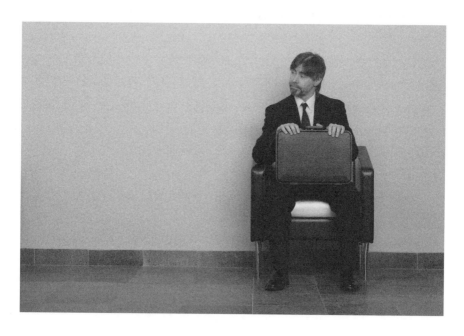

chair / until

※カラー写真はp.4参照

解答例

- -

パターン 1

A man is sitting on a chair, waiting until someone calls him.

男性は椅子に座って、誰かが彼を呼ぶまで待っています。

- -

パターン 2

A man is sitting on a chair until his name is called.

男性は椅子に座って、彼の名前が呼ばれるまで待っています。

覚えておきたい単語・フレーズ

□ sit on a chair	椅子に座る
□ until	～するまで
□ call	呼ぶ

練習ポイント

□ 「座っている」は現在進行形を使って is sittingと表せます。

□ パターン1の接続詞until「～するまで」の後ろに置く主語someoneは3人称単数なので、動詞callには3人称単数現在形のsを忘れずにつけましょう。

□ パターン1のようにsomeone calls him「誰かが彼を呼ぶ」という能動態を使う時は「人」（＝誰か）を主語に、パターン2のようにhis name is called「彼の名前が呼ばれる」という受動態を使う時は「ものや事柄」（＝彼の名前）を主語に置きます。しっかり区別して使いましょう。

□ この問題では現在時制のisを使っていますが、過去時制にしても（was sitting）OKです。ただしその場合は、接続詞until「～するまで」の後ろの動詞も（called / was called）というように動詞の時制をそろえましょう。

3-1 作業場　その1

【解答時間：1分】

box / in

※カラー写真はp.5参照

解答例

- -

パターン 1

A man is looking for something in a box.

男性は箱の中の何かを探しています。

- -

パターン 2

In a garage, a man is opening a box to get a tool.

車庫で、男性が工具を手に入れるために箱を開けています。

覚えておきたい単語・フレーズ

☐ **look for** 　　　　　　　　 〜を探す

☐ **garage** 　　　　　　　　　 車庫・ガレージ

練習ポイント

☐ 少し想像を膨らませてOK。男性は箱の中を見ている様子ですが、look for「〜を探す」としても大丈夫です。

☐ 具体的なものや人が分からない時にはsomething「何か」やsomeone「誰か」と描写しましょう。

☐ パターン2の文末にあるto get a tool「道具を見つけるために」というフレーズはto ＋動詞の原形（不定詞）で「目的」を表しています。

3-2 作業場　その2

【解答時間：1分】

walk / construction

※カラー写真はp.5参照

解答例

- -

パターン 1

Four workers are walking on a construction site.

4人の作業員が建設現場を歩いています。

- -

パターン 2

A building is under construction and some people are walking toward it.

建物が建設中で、人々がその建物に向かって歩いています。

覚えておきたい単語・フレーズ

□ worker	作業員
□ construction site	建設現場
□ under construction	建設中
□ walk toward	～に向かって歩く

練習ポイント

□ 指定語walk「歩く」の主語は、正確にfour workers「4人の作業員」としてもいいですし、some people「(数人の) 人々」でもOKです。

□ パターン1のconstruction siteは「建設現場」、パターン2のunder constructionは「工事中」という決まり文句です。

□ パターン2のtowardは「～に向かって」という前置詞です。to「～へ」でもOKです。

4-1 移動・旅行　その1

【解答時間：1分】

stop / so that

※カラー写真はp.6参照

解答例

- -

パターン 1

Some tourists have stopped so that they can open a map.

地図を開くために、観光客は足を止めました。

- -

パターン 2

One of the tourists stopped and held up his camera so that he could take a picture.

写真を撮るために観光客の1人が立ち止まってカメラを掲げました。

覚えておきたい単語・フレーズ

□ tourist	観光客
□ one of (複数名詞)	(複数名詞) の中の一人
□ so that	〜するために
□ take a picture	写真を撮る

練習ポイント

□ この問題で用いられているstopは「立ち止まる」という意味。パターン2は、stop to hold up〜と後ろにto不定詞をつけてもOK。ただし、stop＋-ing(動名詞)は「〜するのを止める」という意味になるので、しっかり区別を。(例：stop walking「歩くのを止める」)

□ 指定語のso that〜は「〜するために・〜するように」というフレーズです。ストーリーをしっかり組み立てた上で英文にしていきましょう。

□ パターン1の現在完了形have stoppedで「(今)立ち止まって」ということを表せます。パターン2のようにstopを過去形のstoppedで表現する時は、文中で使う他の動詞や助動詞を過去形に揃えましょう。

□ パターン2のように、複数人写っていても、1人に注目して描写してもOK！

4-2 移動・旅行　その2

【解答時間：1分】

wait / but

※カラー写真はp.6参照

解答例

- -

パターン 1

A woman is waiting at the bus stop, but the bus hasn't come yet.

女性がバス停で待っていますが、バスはまだ来ていません。

- -

パターン 2

A young lady waited for a bus for a long time, but it didn't arrive on time due to the heavy snow.

若い女性が長い間バスを待っていましたが、大雪のために時間通りにバスが到着しませんでした。

覚えておきたい単語・フレーズ

□ **for a long time**	長い間
□ **arrive on time**	時間通りに到着する
□ **due to**	〜のせいで・〜のために

練習ポイント

- □ 「〜で待つ」はwait at + 場所、「〜を待つ」はwait for + 人 / ものとなります。前置詞の違いに気をつけましょう。

- □ パターン1では「待つ」という女性の動作を現在進行形 is waitingで表し、「(バスが)まだ来ない」ということを現在完了形hasn't come yetと表しています。

- □ パターン2では過去時制を用いています。動詞waitを過去形で使った場合は、接続詞but「しかし」の後ろに置く動詞も過去形(didn't arrive)にします。

- □ パターン2の文末にあるdue toは「〜のために」という意味です。写真の背景に雪が写っていることを見て、ストーリーを展開してもいいでしょう。

5-1 道路・空港　その1

【解答時間：1分】

car / because

※カラー写真はp.7参照

解答例

- -

パターン 1

Many cars are stuck in a traffic jam because an accident occurred.

事故が発生したため、多くの車が渋滞で身動きがとれません。

- -

パターン 2

Because of an accident, a lot of cars are stuck in a traffic jam.

事故のため、多くの車が渋滞で身動きがとれません。

覚えておきたい単語・フレーズ

□ be stuck	身動きがとれない
□ traffic jam	渋滞
□ occur	起こる

練習ポイント

- □ パターン1では指定語becauseを接続詞として用い、後ろに主語 (an accident 「事故」) と動詞 (occurred「起きた」) を置いています。

- □ パターン2ではBecause of「〜のために」という前置詞句のフレーズにして、その後ろに名詞 (an accident) を置いています。

5-2 道路・空港　その2

【解答時間：1分】

arrive / airport

※カラー写真はp.7参照

解答例

パターン 1

Some planes have already arrived at the airport.

数機の飛行機はすでに空港に到着しています。

パターン 2

At the airport, some airplanes arrived a while ago.

空港には、先ほど数機の飛行機が到着しました。

覚えておきたい単語・フレーズ

□ plain / airplane	飛行機
□ already	すでに
□ a while ago	しばらく前に・先ほど

練習ポイント

□ airport「空港」という場所を明確に示しましょう。

□ パターン1ではhave already arrivedという現在完了形を用いて「すでに到着している」ということを表しています。

□ パターン2では文末にa while ago「先ほど」という過去を表すフレーズを置くので、arrivedという過去形にします。

作文練習5ステップ

作文練習をするときに、意識したい5つのステップです。

反復練習すれば、どんどん書きやすくなります。

p.110写真描写問題のパターン1の解答を例にとって説明します。

① 日本語で書き出す

まずは書きたい内容を日本語で書き出してみましょう。

難しく考えず、できるだけ簡潔な言葉で表しましょう。

→「男性がパソコンで確認しながら電話をしている。」

② 英語の語順に置き換え、英文にする

次に「誰が」「どうする」「何を」という英語の語順に組み替えます。

その時、少し言葉を足すと英語にしやすくなります。

「男性が・話している・電話で・しながら・彼が・確認する・何かを・パソコンで」

それを英文にしてみると：

A man is talking on the phone while he is checking something on the computer.

③ 見直しをする（動詞の形・冠詞の有無・単数複数・ピリオドなど）

英文を書いたら、必ず見直す習慣をつけましょう。

・主語（名詞）manの前に、冠詞のa（初登場で単数の時）
・名詞 phoneやcomputerの前に、冠詞のthe（特定されるもの、または2回目以降の登場の時）
・動詞は現在進行形：is talkingやis checkingのbe動詞isを抜かさない。
・文末のピリオドもしっかり確認。

④ 英語のブラインドタッチ練習

ライティングテストではすばやいタイピングもとても大事な要素なので、
英文をできるだけ早くタイピングする反復練習をしてみてください。
よく使う単語theやis、areなどは、特別な意識をしないでも一瞬で打てるように。

⑤ 解答例を書き写す・暗記

ここで挙げた例同様、他の問題の解答例も全てタイピングしてみてください。
ご自身の手で打ち出すと、ただ読んでいるだけよりも「英文の型」として定着します。
さらにテストに備えて、時間を測りながらのタイピングもぜひ。
反復して練習するうちに、よりすばやく、より正確に打てるようになって、
上達実感が得られるはずです。

Questions 6−7

Eメール作成問題

Respond to a written request

ライティング2つ目の課題は「Eメール作成」です。

25 〜 50語程度のEメールを読み、その返信を書きます。

2題出題されます。

解答時間は各10分、計20分です。

1題あたり、1分で返信したい内容のキーワードを書き出し、

6分で英文タイピング、3分で見直しという時間配分を目指しましょう。

本書では4題練習します。

Eメールの出題パターンは2種類あります。

① 同じ会社の同僚などが直接Eメールを送ってきているパターン。

　面識のある人やこれから会う人へ返信を書きます。適度なフレンドリーさで。

② 商品のEメールなどで顧客に一斉に送ってきているパターン。

　面識のない担当者に対しての返信を書きます。

　丁寧に、事実を端的に書きましょう。

メールの本文だけでなく、FROM「差出人」とTO「宛先」を確認することでどちらのパターンか分かりますので、普段実際にEメールをもらった時と同じように、差出人・宛先・件名を見て、状況を想像しながら本文を読みましょう。

Eメールの問題には、返信をする時の条件が指示されます。

その条件を満たす内容を必ず返信の文面に入れることが重要なポイントです。

TWO questions and ONE requestなどと、数が大文字で書かれていますので、

見落とさずに、条件を満たす返信文を作成しましょう。

Eメールの返信の書き方は、以下の通りです。

---

① 書き出し

Dear <差出人名>,／To Whom It May Concern「ご担当者様」

② お礼

Thank you for your e-mail.「Eメールありがとうございます」

③ 条件に沿った文面

もらったEメールからストーリーを想像して創作します。

④ 締めの言葉

Thank you!「よろしくお願いします！」

I hope to hear from you soon.「お返事お待ちしています」

実際のEメールでは相手が読みやすいように改行しますが、テスト本番では改行ができないので、文を続けて書きます。

文頭や人名の最初の文字をしっかり大文字で書く、カンマやピリオドを適切な箇所で打つという基本ルールも正確に。

スペリングや文法が自分の中で確実なものを使って書いていきましょう。

語数は60語から100語ほどでOKです。

1-1 同僚への返信 その1

Directions: Read the e-mail.

From:	S. Kato
To:	T. Kim
Subject:	Welcome to the PR team
Sent:	January 31, 11:13 A.M.

We are so glad that you will be joining the public relations team next week! Feel free to ask me if you have any questions about your tasks. Also, please let me know anytime if you need anything.

Directions: Respond to the e-mail. Respond as if you are T. Kim. In your e-mail, ask TWO questions about your new job, and make ONE request.

Questions
①
—
⑤

Questions
⑥
—
⑦

Question
⑧

日本語訳

指示：このEメールを読んでください。

差出人：S.カトウ
宛先：T.キム
件名：PRチームへようこそ
送信：1月31日 午前11時13分

来週、あなたが広報チームに参加してくれることをとてもうれしく思います！ あなたの任務について質問がありましたら、お気軽にお尋ねください。また、何か必要でしたらいつでもお申し付けください。

指示：Eメールに返信してください。T.キムであるかのように応答します。返信Eメールで、あなたの新しい仕事について2つの質問をし、ひとつの依頼をしてください。

解答例

- -

パターン1 （89語）

Dear Mr. Kato,

Thank you for your e-mail. I'm also looking forward to working with you! I have two questions before joining the team. First, can I keep using my e-mail address? If I need to make a new account, please let me know. Second, how often do we have meetings? I'd like to prepare fully for every meeting. Also, I have a request. Could you send me the necessary digital data for the PR activities? I would like to analyze it before we meet next week.

Thank you!

カトウ様

Eメールありがとうございます。 私もあなたと一緒に働けることを楽しみにしています！チームに参加する前に2つ質問があります。第一に、私のEメールアドレスはそのまま使えますか？ 新しいアカウントを作成する必要がある場合は、お知らせください。第二に、どのくらいの頻度で会議を行ないますか？ 会議ごとに万全の準備をしたいと思います。また、ひとつお願いがあります。広報活動に必要なデジタルデータを送っていただけますか？ 来週会う前に分析したいと思います。

よろしくお願いします！

- -

パターン 2 （89語）

Dear Mr. Kato,

Thank you for contacting me! I'm glad to be a member of the team. I'll do my best! Before joining the team, I have a couple of questions and a request. I heard that we need to turn in a monthly report to the manager. How should I write it, and when is the deadline? I hope there is a format I can follow. As I'm not used to writing monthly reports, could you please look over my first one before I submit it?

Thank you!

カトウ様

ご連絡ありがとうございます！ チームの一員になれたことを嬉しく思います。ベストを尽くします！ チームに参加する前に、いくつか質問とお願いがあります。月次報告書をマネージャーに提出する必要があると聞きました。 どうやって書くべきですか？ そして締め切りはいつですか？ 従うことのできる書式があるといいのですが。私は月次報告書を書くことに慣れていないので、提出する前に最初の報告書に目を通していただけますか？

よろしくお願いします！

覚えておきたい単語・フレーズ

☐ look forward to -ing	～するのを楽しみにする
☐ keep -ing	～し続ける
☐ let (人) know	(人) に知らせる
☐ prepare	準備する
☐ necessary	必要な
☐ analyze	分析する
☐ turn in / submit	提出する
☐ be used to -ing	～することに慣れている
☐ look over	～に目を通す

練習ポイント

☐ Dear ○○から書き出す場合は、Dear Mr. / Ms.＋ラストネームまたはフルネームで。丁寧な書き出しです。

☐ 「書き出し→Eメールのお礼→返信の条件を含む本文→締め」という型を意識して書きましょう。

☐ First, Secondという、文中の「目印」が書ける時はぜひ組み込みましょう。

☐ 2つの「質問」は質問文で、ひとつの「依頼」はCould you～?を使って作成しましょう。

☐ スペリング、カンマ、ピリオド、クエッションマークをしっかり見直しましょう。

1-2 同僚への返信 その2

【解答時間：10分】

Directions: Read the e-mail.

From:　　Mark Nash

To:　　Tsuyoshi Colnaghi

Subject:　Activities after the branch visit

Sent:　　August 18, 7:09 A.M.

Hi, Tsuyoshi. Regarding the visit to the branch next month, do you have any good ideas about where to go in the city after having the meeting there? We will be free in the evening. You know the city better than I do because you've been there, right?

Let me know your suggestions!

Directions: Respond to the e-mail. Respond as if you are Tsuyoshi Colnaghi. In your e-mail, make THREE suggestions for activities after visiting the branch office.

日本語訳

指示：このEメールを読んでください。

差出人：マーク・ナッシュ
宛先：ツヨシ・コルナギ
件名：支社訪問後の活動
送信：8月18日 午前7時9分

こんにちは、ツヨシさん。来月の支社訪問についてですが、そこで打ち合わせをした後、市内のどこに行くべきか何か良いアイデアはありますか？ 私たちは夕方に自由になります。あなたはそこに行ったことがあるので、私よりもその街をよく知っていますよね。あなたの提案を教えてください！

指示：Eメールに返信してください。ツヨシ・コルナギであるかのように応答します。返信Eメールで、支社訪問後の活動について3つの提案をしてください。

解答例

- -

パターン 1 （71語）

Hi, Mark. Thank you for asking. How about going to a temple near the branch office, if the meeting finishes early? The temple is open until five on weekdays. Also, we could visit an art museum. I think we will enjoy the painting exhibition. It would be a good idea to have some local food for dinner. I know a great restaurant along the river. I hope you like my ideas.

こんにちは、マーク。お尋ねいただきありがとうございます。会議が早く終わったら、支社の近くのお寺に行ってみませんか? そのお寺は、平日は5時まで開いています。また、美術館を訪れることもできます。絵画展を楽しめると思います。夕食に郷土料理を食べるのもいいでしょう。私は川沿いの素晴らしいレストランを知っています。私のアイデアを気に入っていただければ幸いです。

- -

パターン 2 （78語）

Hello, Mark. I've been thinking about where to go, and here are my suggestions. How about going to Belkas 300, one of the highest buildings in Japan? The night view from there must be amazing. Afterward, let's eat and drink at a local bar. There are a lot of famous bars around the building. Also, we could buy some souvenirs at a big market that's close to the hotel we will be staying at. I hope this helps!

こんにちは、マーク。どこに行こうかとずっと考えていて、私の提案はこちらです。日本一の高さを誇るビルのひとつ、ベルカス300に行ってみませんか? そこからの夜景はきっと素晴らしいはずです。その後、地元のバーで食べたり飲んだりしましょう。その建物の周りには有名なバーがたくさんあります。また、宿泊するホテルの近くにある大きな市場でお土産を買うこともできます。これが役立つことを願っています!

覚えておきたい単語・フレーズ

□ **branch(office)**	支社
□ **exhibition**	展示
□ **local**	地元の
□ **afterword(s)**	その後
□ **souvenir**	お土産
□ **be close to**	〜に近い

練習ポイント

□ Eメールの書き出しが、Hi, Tsuyoshi. というようにファーストネーム (名前) で呼びかけられている場合は、返信の書き出しも「Hi / Hello, + 名前.」でOKです。面識があるときのやりとりで用いる書き方です。

□ パターン2の a big market that's close to〜のthatは関係代名詞のthatです。market「市場」のような名詞 (先行詞) を詳しく説明する時に使える文法です。

□ suggestion＝「提案」をする時は、How about 〜? / We could〜. / It would be a good idea that〜. などの書き出し方が便利です。

□ 提案は自由に発想してOK。自分の知っている街を想像して書きましょう。

□ 解答例をタイピングで書き写して、便利な表現を覚え込みましょう。

2-1 広告メールへの返信 その1

Directions: Read the e-mail.

From:　　　MASP Co.

To:　　　　Customer mailing list

Subject:　Upgrade your smartphone

Sent:　　　September 9th, 9:00 A.M.

Are you looking for a more sophisticated smartphone? For our customers with long-term contracts, we are offering an upgrading program right now. You can get a brand-new smartphone of your preference at a lower cost during this campaign season. Contact us to learn more!

Directions: Respond to the e-mail. Respond as if you are on the mailing list. In your e-mail, ask THREE questions about the smartphone upgrading program.

日本語訳

指示：このEメールを読んでください。

差出人：マスプ社
宛先：お客様メーリングリスト
件名：スマートフォンをアップグレードしましょう
送信：9月9日 午前9時

より洗練されたスマートフォンをお探しですか？ 長期契約のお客様には、現在、アップグレードプログラムを提供しています。このキャンペーン期間中は、お好みの新品のスマートフォンをよりお得に手に入れることができます。詳細については、お問い合わせください。

指示：Eメールに返信してください。メーリングリストに参加しているかのように応答します。返信Eメールで、スマートフォンのアップグレードプログラムについて、3つの質問をしてください。

解答例

- -

パターン 1 （80語）

To Whom It May Concern,

Thank you for the information. I'm very interested in the upgrading program, and I have three questions. First, can I upgrade my smartphone to one with a bigger screen than the m-phone 12, which I have now? Second, how much will it cost exactly? Third, how can I apply for this program? I hope I can do it via the Internet because there's no shop in my city. I am looking forward to your reply.

ご担当者様

情報ありがとうございます。アップグレードプログラムに非常に興味があり、3つの質問があります。第一に、今持っているm-phone12より画面の大きいスマートフォンにアップグレードできますか? 第二に、それは正確にいくらかかりますか? 第三に、このプログラムに申し込むにはどうすればよいですか? 私の街には店舗がないので、インターネットでできればいいのですが。お返事を楽しみにしています。

パターン 2 （69語）

To Whom It May Concern,

Hello. Thank you for the e-mail. Honestly, I'm not so keen to upgrade my smartphone right now. However, I have some questions, because I might want to do so in the future. First, what kind of new functions do the newest smartphones have? Second, how long will this campaign last? Finally, when will the next campaign start? I hope to hear from you soon.

ご担当者様

こんにちは。Eメールありがとうございます。正直なところ、私は今、スマートフォンをアップグレードすることにあまり熱心ではありません。でも、将来アップグレードしたくなるかもしれないので、いくつか質問があります。第一に、最新のスマートフォンにはどのような新機能があるのでしょうか? 第二に、このキャンペーンはいつまで続く予定ですか? 最後に、次のキャンペーンはいつ開始される予定ですか? お返事お待ちしております。

覚えておきたい単語・フレーズ

□ be interested in	〜に興味を持つ
□ upgrade	アップグレードする・向上させる
□ cost	（費用などが）かかる
□ apply for	〜に応募する
□ via the Internet	インターネット（経由）で
□ honestly	正直なところ
□ be keen to do	〜に熱心である
□ function	機能
□ hear from	〜から連絡をもらう

練習ポイント

□ Eメールの英文から広告の内容をしっかり把握しましょう。

□ 質問を3つあらかじめ考えておいてから、英文を書き出しましょう。

□ 面識のない人への返信の場合、To Whom It May Concern「ご担当者様」と
書き出すととても丁寧でかしこまったものになります。

□ 質問を列挙する際は、文頭にFirst, / Second, / Third, / Finally,と置くと
読みやすくなります。

2-2 広告メールへの返信 その2

【解答時間：10分】

Directions: Read the e-mail.

From: NULEN Inc.

To: Advertising list

Subject: Get a high-spec new laptop

Sent: September 22, 8:17 P.M.

To customers who have previously purchased a computer from us, we have good news! You can be one of the first to buy our new laptop computer, which will be available later this month. If you would like to make a pre-order, please reply to cs-reserve@nulen.com right now!

Directions: Respond to the e-mail. Respond as if you are interested in a new laptop computer. In your e-mail, ask TWO questions about the computer, and make ONE request.

指示：このEメールを読んでください。

差出人：ナレン社
宛先：宣伝リスト
件名：高性能な新しいノートパソコンを手に入れましょう
送信：9月22日 午後8時17分

以前当社でパソコンをご購入いただいたお客様に朗報です！ 今月末に入手可能となる新しいノートパソコンをいち早く購入できます。事前注文をご希望の場合は、cs-reserve@nulen.com まで、今すぐご返信ください。

指示：Eメールに返信してください。新しいノートパソコンに興味があるかのように応答します。返信Eメールで、パソコンについて、2つの質問とひとつの依頼をしてください。

解答例

パターン 1 （89語）

To Whom It May Concern,

I bought your desktop computer a few years ago. I'm looking for a laptop computer now, so your offer is very attractive to me. Before making a pre-order, I'd like to ask you some questions. First, what are the key features of this new laptop? Second, can I use any discount coupons or the shopping points I have now when purchasing one? I'd like to make a pre-order very soon, so could you reply to me as soon as possible? Thank you in advance.

ご担当者様

数年前に御社のデスクトップコンピューターを購入しました。今ノートパソコンを探しているので、御社の提案はとても魅力的です。予約注文をする前に、いくつか質問したいことがあります。第一に、この新しいノートパソコンの主な機能は何ですか？ 第二に、今持っている割引クーポンやショッピングポイントは、購入時に使用できますか？ すぐに予約注文したいので、できるだけ早く返信していただけますでしょうか？ よろしくお願いいたします。

パターン 2 （96語）

To Whom It May Concern,

Hello. Thank you for the e-mail. I am curious about the new laptop computer. I have a few questions, and I would appreciate it if you could answer them. Could I choose the method of payment? I would like the purchase to be deducted from my company's bank account. And when is the earliest date when I can get the laptop? Also, I have a request. I'd like you to deliver it to my office instead of my house address registered with your shopping system. I'm looking forward to your reply.

ご担当者様

こんにちは。Eメールありがとうございます。新しいノートパソコンに興味があります。いくつか質問がありますので、お答えいただければ幸いです。支払い方法は選べますか？ 会社の銀行口座からの引き落としを希望します。そして、ノートパソコンを入手できる最も早い日付はいつですか？ また、お願いがあります。ショッピングシステムに登録されている私の家の住所ではなく、私のオフィスに届けていただきたいのです。お返事をお待ちしております。

覚えておきたい単語・フレーズ

☐ purchase	購入する
☐ make a pre-order	(商品などを) 予約する
☐ look for	〜を探す
☐ attractive	魅力的な
☐ in advance	前もって
☐ be curious about	〜に興味がある
☐ appreciate	感謝する
☐ method of payment	支払い方法
☐ deduct from	〜から引き落とす・差し引く
☐ instead of	〜の代わりに

練習ポイント

☐ Directions (問題指示文) に「新しいノートパソコンに興味があるかのように」返信するように指定されていますので、その流れで想像力を駆使し、ストーリーを展開しましょう。

☐ この問題の条件である質問2つと依頼ひとつを明確に書きましょう。

☐ Thank you in advance. は「前もって礼を述べます」「よろしくお願いします」という意味で、何らかの依頼をした後のメールの最後に書く表現です。

☐ つづりや文法の正確さにも意識を向けて。ピリオドやクエッションマークは抜けていませんか? 少なくとも1度は全文を通して見直しましょう。

☐ 解答例の中で、実際にご自身で使えそうだ、と感じるフレーズや言い回しは定型文としてそのまま覚えましょう。しっかりした「型」があると、どんな問題でもアレンジしやすくなります。

受験体験談

著者が練習＆受験をした時の模様です。ライティングについてお伝えします。

・とにかく速く打つ練習を！

時間制限があるテストなので、まずはタイピングスピードを鍛える練習から始めました。公式ページに載っているサンプルテストの解答を使って、ストップウォッチを準備。よーいドンでタイピング。ただ速く打つというだけでなく、スペリングや文法が正確かどうかもしっかりチェック。普段どれだけワードなどのオートチェック機能に助けられているかが分かります。

・お得意の「型」作り

まずは、問題の制限時間や出題数、出題傾向や模範解答例をじっくり読んで理解します。次にキーボードで模範解答例を打ち込み、その中から「私の書きやすい英文はこれ！」という自分の「型」を決めました。写真描写問題で人が出てきたら現在進行形にするとか、Eメールの書き出しや締めくくり、意見問題ではFirst, Second, Third, In conclusionを使って書く、などです。本書の解答例にも使い勝手の良い「型」がたくさん詰まっていますので、ぜひ真似してみてください。

出題される問題はさまざまですが、ある程度自分が得意な「型」を決めておくと、本番でかなり書きやすくなりました。

・見直し命！でも落ち着いて。

本番はやっぱり緊張するものです。しっかり準備しているつもりでも、写真描写練習問題を1問飛ばしたことがあるのです。というのも「見直し命」という思いが強く、5問目を解く前になぜか1問目にさかのぼって見直しを始めてしまったのでした。見直した問題のケアレスミスには気付いて直すことができたので、それはオッケー。あとは平常心を保って、落ち着いて全問解くように。テスト受験ではこういう精神的な側面も大いに鍛えられます。

Question **8**

意見を記述する問題
Write an opinion essay

ライティング3つ目の課題は「意見」です。1題出題されます。

提示されたテーマについて、自分の意見を理由と具体例を挙げて

記述します。

解答時間は30分で、推奨語数は300語以上。

5分で構成メモ作成、20分でタイピング、5分で見直し

という時間配分を

目指しましょう。

本書では2題練習します。

解き方のコツ

意見を述べる問題の出題パターンは2種類あります。

① 勉強・学び方に関わるトピック

② 仕事・働き方に関わるトピック

意見を述べる時の文章構成は以下の通りです。

① 序論

　トピックに関する一般論（1文）

　　例）Recently more and more people〜「最近多くの人々が〜」

　自分の主張（1文）

　　例）I believe that 〜「私は〜だと考える」

② 本論

　主張の根拠となる理由①とその具体例（4文）

　主張の根拠となる理由②とその具体例（4文）

　主張の根拠となる理由③とその具体例（4文）

　　例）First / Second / Third「第一に / 第二に / 第三に」

　　　　For example / For instance「例えば」

③ 結論

　本論のまとめと主張の再提示（1文）

　　例）In sum, I think 〜 because…「まとめると…なので〜だと思う」

　※序論の主張文の丸写しではなく、できるだけ言い換えます。

英文を書き出す前に文章構成を明確に。

日本語で良いので、発想を膨らませてキーワードを書き出してみましょう。

テスト本番ではメモができる紙が渡されますので、次のようなフォーマットを使ってすばやくアイデアをまとめるのがおすすめです。

<構成メモおすすめフォーマット>

```
① 序：　一般論　＿＿＿＿＿＿＿＿＿＿＿＿＿＿＿＿＿
　　　　 主張　　＿＿＿＿＿＿＿＿＿＿＿＿＿＿＿＿＿
② 本：　理由①　＿＿＿＿＿＿＿＿＿＿＿＿＿＿＿＿＿
　　　　 例　　　＿＿＿＿＿＿＿＿＿＿＿＿＿＿＿＿＿
　　　　 理由②　＿＿＿＿＿＿＿＿＿＿＿＿＿＿＿＿＿
　　　　 例　　　＿＿＿＿＿＿＿＿＿＿＿＿＿＿＿＿＿
　　　　 理由③　＿＿＿＿＿＿＿＿＿＿＿＿＿＿＿＿＿
　　　　 例　　　＿＿＿＿＿＿＿＿＿＿＿＿＿＿＿＿＿
③ 結：　言い換え＿＿＿＿＿＿＿＿＿＿＿＿＿＿＿＿＿
```

本番で制限時間内に目標の300語以上を書くには、1文15〜20語×15文以上の英文をすばやくタイピングすることが不可欠です。そのための有効な練習方法は、時間を測りながら、解答例にある英文をタイピングで早打ちしてみること。まずはそれを最低10回は繰り返して、英文タイピングのスピードアップを！反復練習をするうちに、本番で使える単語や表現が定着するので一石二鳥です。

また、英文構成と主張・理由・具体例が明確であることと同様に、文法・語法・語彙の正確さも評価のポイントです。主語や動詞が抜けていないか、動詞の時制や名詞の単数複数は問題ないか、つづりは正しく書けているかという点を必ず見直すようにしましょう。

自分の書いた英文は、学校の先生やオンラインの添削サービスなどで修正してもらうのがベストです。自分で確認したい場合は、DeepL翻訳やGoogle翻訳などの翻訳サイトや、Grammarlyという添削アプリを使って確認してみましょう。

ChatGPTを使う場合は、自分の書いた英文を打ち込む前に、「Revise the sentences below.（以下の文章を修正してください）」という指示文を入れて添削してもらいましょう。

1 勉強・学び方に関わるトピック

【解答時間：30分】

【質問文】

Directions: Read the question below. You have 30 minutes to plan, write, and revise your essay.

Question: At some schools, students take all classes online every day. Is this a good idea? Why, or why not? Give reasons or examples to support your opinion.

日本語訳

指示：以下の質問を読んでください。エッセイの計画、作成、修正に30分使えます。

質問：学校の中には、学生が毎日すべてのクラスをオンラインで受講しているところがあります。これは良い考えですか？ なぜ、またはなぜそうではないのですか？ あなたの意見を裏付ける理由や例を挙げてください。

解答例

- -

パターン1のメモ

① 序：	一般論	パンデミック時に拡大・便利に活用中
	主張	賛成
② 本：	理由①	学ぶことに集中できる
	例	通学不要・体力温存・集中可
	理由②	どこでも学べる
	例	外国の講義も受講可
	理由③	コンピュータースキル上達
	例	課題提出・チャット・情報共有
③ 結：	言い換え	勉強に集中・海外の講義受講・スキルアップできるので賛成

During the pandemic of COVID-19 pandemic, many schools introduced online systems for continuing their classes. At that time, students took classes every day safely while staying at home without going out. Even after the pandemic, some schools keep doing so. I think this is a good idea for several reasons.

First, students can concentrate on studying at home. Some of them live far from school and might have to travel on public transportation such as trains or buses in the morning and evening rush hours. This uses up a lot of energy, making students get tired before and after studying at school. But if they take classes online at home, they can save their time and energy so that they can focus more on their studies.

Second, students can easily take classes from schools overseas. It is said that there are so many students with no opportunities to study abroad because of the expensive cost, even if they want to study in foreign countries. If they can take classes from overseas schools online at home, they will not need to pay the cost to travel and live abroad. Therefore, the system of everyday online classes enables students to participate without going abroad, so it could make their dreams come true.

Third, since students use their computers to participate in classes, and their computer skills will improve. They are likely to get used to turning in their homework or assignments in the digital format, exchanging their opinions by using chat systems, and sharing information on the Internet easily. These computer skills will be indispensable if students want to work in various business fields in the future.

In summary, I believe it is a good idea for students to take online classes every day because they can concentrate on studying, learn in classes held by schools in other countries, and improve their computer skills.

日本語訳

COVID-19のパンデミックの間、多くの学校が授業を継続するためのオンラインシステムを導入しました。当時、学生たちは外出せずに家にいながら、毎日安全に授業を受けていました。パンデミックの後でも、学校の中にはそのようにし続けているところがあります。いくつかの理由から、これは良い考えだと思います。

第一に、学生たちは自宅で勉強に集中できます。学生たちの中には学校から遠く離れた場所に住んでいて、朝夕のラッシュアワーに電車やバスなどの公共交通機関を利用しなければならない可能性のある人もいます。これは多くのエネルギーを消費し、学生たちは学校で勉強する前後に疲れてしまいます。しかし、自宅でオンラインの授業を受ければ、時間とエネルギーを節約できるので、勉強にもっと集中できます。

第二に、学生たちは海外の学校の授業を簡単に受けることができます。たとえ海外に留学したくても、費用が高くて留学する機会がない学生が非常に多いと言われています。海外の学校の授業を自宅で、オンラインで受講できるようになれば、海外での渡航費や生活費がかからなくなります。よって、毎日のオンライン授業のシステムで海外に行かなくても参加できるようになり、学生たちの夢をかなえることができるでしょう。

第三に、学生たちはコンピューターを使用して授業に参加するので、コンピューターのスキルが向上します。彼らは宿題や課題をデジタル形式で提出したり、チャットシステムを使って意見を交換したり、インターネットで簡単に情報を共有したりすることに慣れているようです。これらのコンピュータスキルは、学生たちが将来さまざまなビジネス分野で働きたい場合に不可欠です。

要約すると、学生たちがオンライン授業を毎日受講することは、勉強に集中でき、他国の学校の授業で学び、コンピューターのスキルを向上させることができるため、良い考えだと思います。

解答例

- -

パターン2のメモ

① 序：	一般論	学校はさまざまなことを学ぶ場所
	主張	反対
② 本：	理由①	コミュニケーション不足
	例	大人数で発言困難・雑談不可
	理由②	実技不足
	例	体育・美術・音楽
	理由③	運動不足
	例	通学での運動必須・特に小学生
③ 結：	言い換え	コミュニケーション・実技・運動の機会が激減するので反対

パターン 2 （338語）

At school, students should not only acquire broad knowledge but also enhance their skills to live healthily in the modern world. I think it is not a good idea for students to take online classes every day because they will not be able to have various experiences.

First, students will not be able to communicate with their teachers or classmates enough. There might be a hurdle for some students to express their honest opinions because they feel pressure from seeing every classmate's face on the screen. Also, due to the sound or image quality, sometimes they will not be able to perceive others' feelings in detail via the screen, which is necessary for smooth communication. In addition, students will lack opportunities to talk frankly before or after their classes because they connect only during the classes. In this situation, students could have difficulties in forming relationships with their classmates and teachers.

Second, some subjects are impossible to fully learn online, such as P.E., art, or music. In these subjects, actual body movements and sensory activities are significant. In P.E., students should see their teachers' actual movements and use their bodies to imitate them. In art classes, it will be very difficult to notice subtle colors or special qualities of artwork through the screen. In music classes, students will be unable to sing songs together, because there is usually a slight sound lag.

Third, taking online classes means sitting at a desk all the time. It is imaginable that students will lack time for everyday exercise. Students use their muscles by walking, going upstairs, or carrying various bags when they go to school. It is said that even these simple exercises are essential to maintain students' health. In particular, elementary school students need enough exercise or daily activities to strengthen their bodies.

In conclusion, I do not think it is a good idea for students to take all classes online because they will be unable to have sufficient communication with others, enough experience in certain subjects, and enough exercise.

学校では、学生たちが幅広い知識を身につけるだけでなく、現代社会を健康に生きていくためのスキルを高める必要があります。学生たちが毎日オンラインで授業を受けるのは、さまざまな経験ができないので良くないと思います。

第一に、学生たちは教師やクラスメイトと十分にコミュニケーションをとることができません。画面に映るクラスメイト全員の顔を見ることでプレッシャーを感じるため、率直な意見を述べることが一部の学生にとってハードルになるかもしれません。また、音や画像の質のせいで、画面越しに相手の気持ちを細かく感じ取ることができない場合もあります。これはコミュニケーションをスムーズに行なうために不可欠です。さらに、学生たちは授業中だけつながるため、授業の前後に率直に話す機会が不足します。 このような状況では、学生たちはクラスメイトや教師との関係を築くのに苦労する可能性があります。

第二に、体育、美術、音楽など、一部の科目はオンラインで十分に学習することが不可能です。これらの科目では、実際の体の動きと感覚を使う活動が重要です。体育では、学生たちは実際に先生の動きを見て、体を使って真似をするべきです。美術の授業では、画面を通して作品の微妙な色や特別な質に気付くことは非常に困難です。音楽の授業では、通常、わずかな音の遅れがあるため、学生たちは一緒に歌を歌うことができません。

第三に、オンラインクラスを受講するということは、常に机に座っていることを意味します。学生は毎日の運動の時間が不足するということが想像できます。学生たちは学校に行く時、歩いたり、階段を上ったり、さまざまなバッグを持ったりして筋肉を使います。これらの簡単な運動でも、学生の健康を維持するために不可欠であると言われています。特に小学生は体を強くするために十分な運動や日常生活が必要です。

結論として、学生たちがすべての授業をオンラインで受講することは、他者との十分なコミュニケーションや、特定の科目での十分な経験、および十分な運動を得ることができないため、良い考えではないと思います。

覚えておきたい単語・フレーズ

□ introduce	導入する
□ concentrate on	〜に集中する
□ public transportation	公共交通機関
□ overseas	海外 (の) (に)
□ opportunity	機会
□ participate	参加する
□ indispensable	不可欠な
□ improve	向上させる
□ not only A but also B	AだけでなくBも
□ acquire	身につける
□ knowledge	知識
□ enhance	高める・強化する
□ experiences	経験
□ hurdle	障害・困難・ハードル
□ due to	〜のせいで
□ in detail	詳しく・細かく
□ have difficulty (in) -ing	〜するのが難しい
□ relationship	関係
□ impossible	不可能な
□ significant	重要な
□ imaginable	想像できる
□ essential	不可欠な
□ in particular	特に

練習ポイント

□ 主張を支える理由を3つ挙げる時に、いろいろな「場所」「人」「時」を思い浮かべると考えが広がり、思いつきやすくなります。

□ 具体例が多いほど語数も増え、読み手にも分かりやすくなります。実体験があれば、それをもとに詳しい説明を加えていきましょう。

□ 結論では、新しい情報は入れずに、本論のまとめと主張のみを書きましょう。

2 仕事・働き方に関わるトピック

【質問文】

Directions: Read the question below. You have 30 minutes to plan, write, and revise your essay.

Question: Most people need different skills for work: computer skills, language proficiency, or the abilities to manage time and money. What do you think is the most necessary skill for work? Why? Give reasons or examples to support your opinion.

日本語訳

指示：以下の質問を読んでください。エッセイの計画、作成、修正に30分使えます。

質問：ほとんどの人は、コンピュータースキル、語学力、時間とお金を管理する能力など、仕事にさまざまなスキルを必要とします。仕事をする上で最も必要なスキルは何だと思いますか？ なぜですか？ あなたの意見を裏付ける理由や例を挙げてください。

解答例

- -

パターン1のメモ

① 序：	一般論	コンピューターは仕事に不可欠
	主張	コンピュータースキルが一番重要
② 本：	理由①	オフィス仕事ではほぼ100%使用
	例	書類作成・分析・管理・連絡
	理由②	飲食業・接客業などでも使う
	例	顧客リスト・発注・会計
	理由③	外国・遠方とのやりとり
	例	情報交換・オンライン会議
③ 結：	言い換え	どんな仕事でもコンピュータースキル必須

When it comes to working in modern society, most people need to use computers in any business field. Thus, I think the most significant skills are computer skills. I have several reasons to support my idea.

First, when you work at an office, you almost always have your computer at the desk. You make some documents or reports using computers, instead of writing them by hand. Also, you will search for some necessary information via the Internet, analyze some related data, and manage your work schedule through software. In addition, you will send multiple emails to your boss or colleagues every day, even if you can talk to them face to face.

Second, even if your job is in a shop or restaurant, you will often use computers. When you want to check a customer's information, you will open your laptop at the counter and see the customer list. You will place an order for some ingredients or products, and receive estimates or invoices through emails. Also, nowadays, more and more shops and restaurants have a computer or tablet instead of a cash register because it's much easier for customers to pay with electronic money. Therefore, you will need computer skills even in these fields.

Third, when you work with people in foreign countries or remote places, it is better if you have sufficient computer skills for exchanging ideas or sharing information. You might need to set up online meetings or interviews with someone living far from you. Also, when you are in a foreign country on a business trip, for example, you can work with your coworkers in the office as usual if your computer abilities are well-developed.

To sum up, computer skills are the most important ability because you will not be able to work without them in all kinds of situations, such as working in offices, shops, restaurants, and remote places.

日本語訳

現代社会で働くことに関して言えば、ほとんどの人はあらゆるビジネス分野でコンピューターを使用する必要があります。したがって、最も重要なスキルはコンピュータースキルであると考えます。私の考えを支持するいくつかの理由があります。

第一に、オフィスで仕事をしていると、ほとんどの場合、机の上にコンピューターがあります。手書きではなく、コンピューターを使用して文書やレポートを作成します。また、インターネットを介して必要な情報を検索し、関連するデータを分析し、ソフトウェアを使用して勤務スケジュールを管理します。さらに、面と向かって話せるとしても、上司や同僚に毎日多数のEメールを送信します。

第二に、あなたの仕事がショップやレストランでするものであっても、コンピューターをよく使用するでしょう。顧客の情報を確認したい時は、カウンターでノートパソコンを開いて顧客リストを表示します。食材や製品を注文し、メールで見積もりや請求書を受け取ります。また、最近では、電子マネーで支払うことが顧客にとってはるかに簡単であるので、現金レジの代わりにコンピューターやタブレットを使用する店やレストランが増えています。したがって、これらの分野でもコンピューターのスキルが必要になります。

第三に、外国や遠隔地の人々と仕事をする時は、アイデアを交換したり情報を共有したりするための十分なコンピュータースキルを持っている方がいいです。遠くに住んでいる人とのオンライン会議やインタビューを設定する必要があるかもしれません。また、例えば出張などで外国にいる時も、コンピュータースキルがよく磨かれていれば、オフィスにいる同僚と通常どおり仕事をすることができます。

要約すると、オフィス、ショップ、レストラン、遠隔地など、あらゆる状況でコンピュータースキルがなければ仕事をすることができないため、コンピュータースキルが最も重要な能力です。

解答例

パターン2のメモ

① 序：	一般論	言語はコミュニケーションの要
	主張	言語運用能力が一番重要
② 本：	理由①	社内でのやりとりに必要
	例	同僚と円滑に・ユーモアある会話
	理由②	社外とのやりとりにも必要
	例	取引先への適切な言い方・敬語
	理由③	外国の相手先とのやりとりにも必要
	例	正確さが信用に関わる
③ 結：	言い換え	誰とどこで仕事をしていても
		言葉でやりとりすることは不可欠

パターン 2 （316語）

In any situation, we communicate with each other mainly through language. Primarily when we work, language communication is necessary because we cannot work totally alone, and we work with others. In other words, we need language proficiency to work well. Therefore, I think it is the most important skill for work.

First, if we are able to speak or write in a kind, friendly and humorous way to our colleagues, they will be willing to help us, and we can make a good team. On the other hand, if we talk to our coworkers only with simple or blunt words like a machine without expressing feelings, it will be hard for them to cooperate because they will be unable to know what we are really thinking. Our manner of speech and expression is key to making a good relationship with colleagues.

Second, when we communicate with clients or customers, we should use appropriate language. Especially in Japan or Korea, there are strict rules and certain forms for those who are older than you or outside your close community. If we are unable to use such language forms correctly, our clients might feel strange or even become angry with us, which means we will not be able to work smoothly.

Third, in international companies, for instance, we will need to use a foreign language properly as a common language in the office. We should be careful to speak a foreign language correctly because this connects to people's level of trust toward us. In business, it is often the case that we cannot trust someone whose emails are always full of grammatical mistakes or typos. Therefore, we should use correct grammar and words when we work.

In conclusion, I think language proficiency is the most significant skill for work because we need language to communicate smoothly with our colleagues and clients in any situation, including in international companies.

どんな状況でも、私たちは主に言語を通じてコミュニケーションをとっています。仕事をする時は主に、言語コミュニケーションが必要です。なぜなら、私たちは完全に1人で仕事をすることはできず、他の人と一緒に仕事をするからです。言い換えれば、うまく仕事をするには言語能力が必要です。 そのため、仕事をする上で最も重要なスキルだと思います。

第一に、同僚に対して親切で友好的でユーモラスな話し方や書き方ができれば、同僚は喜んで助けてくれるので、良いチームを作ることができます。逆に、機械のように単純でそっけない言葉だけで、感情を表に出さずに同僚に話しかけると、相手は私たちが本当に何を考えているのか分からないので、協力するのが難しくなるでしょう。私たちの話し方や表現は、同僚と良好な関係を築くための鍵です。

第二に、クライアントや顧客とコミュニケーションをとる時は、適切な言語を使用する必要があります。特に日本や韓国では、年上の人や身近なコミュニティの外にいる人に対しては、厳しいルールと特定の形式があります。このような言葉遣いを正しく使えないと、クライアントが違和感を覚え、怒りさえして、スムーズに仕事ができなくなります。

第三に、例えば国際的な企業では、外国語をオフィスでの共通言語として適切に使用する必要があります。外国語を正しく話すことは、私たちに対する人々の信頼度につながるため、注意を払う必要があります。ビジネスでは、常に文法の間違いやタイプミスだらけのメールを送信する人を信頼できない場合がよくあります。したがって、仕事をする時は、正しい文法と言葉を使用する必要があります。

結論として、国際企業を含むあらゆる状況で、同僚や顧客と円滑にコミュニケーションをとるために言語が必要なので、言語能力が仕事をする上で最も重要なスキルだと思います。

覚えておきたい単語・フレーズ

☐ when it comes to -ing	〜に関して言えば
☐ modern society	現代社会
☐ thus / therefore	したがって
☐ significant	重要な
☐ manage	管理する
☐ multiple	多数の
☐ colleague / coworker	同僚
☐ place an order	注文する
☐ estimate	見積もり
☐ invoice	請求書
☐ electronic money	電子マネー
☐ exchange	交換する
☐ business trip	出張
☐ primarily	主に
☐ language proficiency	言語能力
☐ on the other hand	逆に・一方で
☐ appropriate	適切な
☐ strict	厳しい
☐ for instance	例えば
☐ properly	適切に・ちゃんと
☐ it is often the case that	[that以下] である場合がよくある

Questions ① – ⑤

Questions ⑥ – ⑦

Question ⑧

練習ポイント

☐ 構成メモをたどりながら、主張がぶれないように書きましょう。

☐ 場所・人・時の情報を細かく入れましょう。具体的な文になり、分かりやすくなります。

☐ p.40-41のテンプレフレーズを駆使して、文と文のつながりを明確にしましょう。

MEMO

MEMO

MEMO

著者紹介

富岡 恵（とみおか・めぐみ）

英語パーソナルトレーナー・文筆家・講師。
東京外国語大学英語専攻卒。個人レッスンや大学などでの講義、執筆活動を通して、自分に合う
やり方で楽しく取り組む学びを推進している。学び方が分かる「3S分析®」を開発し、各地で「英
語の楽しみ方・学び方セミナー」を開催。著書は『TOEIC®テスト書きこみノート』シリーズ、『高
校英文法をひとつひとつわかりやすく。』、『しゃべり「型」英文法』（以上、Gakken）、『寝なが
ら学べる英文法』、『マンガと語呂で一発暗記！ゴロゴロ英単語』、『ビギナーのための TOEIC®
L&Rテスト全パートチャレンジ！』（以上、ベレ出版）など。英検1級・TOEIC®テスト4スキルの
ベストスコア LRS満点・W180。カフェ巡りが日課で、毎日楽しいことをしてメガネを輝かせて
いる。
公式サイト：https://meglish.jp

収録音声

収録時間：アメリカ英語 約27分24秒
　　　　　イギリス英語 約27分11秒
ナレーター：ハワード・コルフィールド（米・男性）
　　　　　　ナディア・マックニー（英・女性）

◉――カバー・本文デザイン　　都井 美穂子
◉――DTP・本文図版　　　　　ＫＤＡプリント
◉――本文イラスト　　　　　　いげた めぐみ
◉――校正協力　　　　　　　　余田 志保
◉――英文校正　　　　　　　　株式会社オレンジバード

**[音声DL付] ビギナーのための TOEIC® S&W テスト
全問題チャレンジ！**

| 2023 年 7 月 25 日　　初版発行 |

著者	富岡 恵
発行者	内田 真介
発行・発売	ベレ出版
	〒162-0832　東京都新宿区岩戸町12レベッカビル
	TEL.03-5225-4790　FAX.03-5225-4795
	ホームページ　https://www.beret.co.jp/
印刷	モリモト印刷株式会社
製本	根本製本株式会社

ISBN 978-4-86064-731-5 C2082　　　　　　　　　　　　編集担当　大石裕子

ビギナーのための TOEIC® L&R テスト

音声DL付　全パートチャレンジ！

富岡恵 著
A5 判並製 / 本体価格 1,800 円
978-4-86064-682-0

・学習のための「目のつけどころ」がよくわかる、全パート解説！

・問題を通して基礎文法をおさらい！

・試験の先にある、ビジネスシーンや日常生活にも役立つ
フレーズやポイントもあわせて紹介！

模試

Speaking Test

Speaking Test Directions

This is the TOEIC® Speaking Test. This test includes 11 questions that measure different aspects of your speaking ability. The test lasts approximately 20 minutes.

Question	Task	Evaluation Criteria
1-2	Read a text aloud	• pronunciation • intonation and stress
3-4	Describe a picture	all of the above, plus • grammar • vocabulary • cohesion
5-7	Respond to questions	all of the above, plus • relevance of content • completeness of content
8-10	Respond to questions using information provided	all of the above
11	Express an opinion	all of the above

For each type of question, you will be given specific directions, including the time allowed for preparation and speaking.

It is to your advantage to say as much as you can in the time allowed. It is also important that you speak clearly and that you answer each question according to the directions.

Questions 1-2: Read a text aloud

Directions: In this part of the test, you will read aloud the text on the screen. You will have 45 seconds to prepare. Then you will have 45 seconds to read the text aloud.

Welcome to the National Gallery of Victoria. Before starting the tour, we'd like to explain a little about the works of Shin Smith Widely known in the field of contemporary art, he has worked with watercolors, oil paintings, and sculptures since the 1980s, some of which are shown in this exhibition. Please feel his talent by actually seeing his works. We hope that seeing his works in person will allow you to appreciate his talent in full.

PREPARATION TIME	RESPONSE TIME
00:00:45	00:00:45

※カラー写真はp.1参照

For everyone starting a new life, Mow Appliances, celebrating its 10th anniversary, is holding a one-month special sale. Our reasonably-priced computers, cameras, and mobile devices are on sale right now. If you tell us at the time of checkout that you heard this radio advertisement, we will give you a 5% discount on the total price. Come to Mow Appliances today!

PREPARATION TIME
00:00:45

RESPONSE TIME
00:00:45

※カラー写真はp.2参照

Questions 3-4: Describe a picture

Directions: In this part of the text, you will describe the picture on your screen in as much detail as you can. You will have 45 seconds to prepare your response. Then you will have 30 seconds to speak about the picture.

PREPARATION TIME	RESPONSE TIME
00:00:45	00:00:30

PREPARATION TIME	RESPONSE TIME
00:00:45	00:00:30

※カラー写真はp.2参照

Questions 5-7: Respond to questions

Directions: In this part of the test, you will answer three questions. You will have three seconds to prepare after you hear each question. You will have 15 seconds to respond to Questions 5 and 6 and 30 seconds to respond to Question 7.

Imagine that a Canadian marketing firm is doing research in your area.
You have agreed to participate in a telephone interview about shopping.

When do you buy daily necessities, and where do you often go shopping?

PREPARATION TIME	RESPONSE TIME
00:00:03	00:00:15

Imagine that a Canadian marketing firm is doing research in your area.
You have agreed to participate in a telephone interview about your shopping.

What kind of shop do you go to to get a present for a friend, and how often do you buy presents?

PREPARATION TIME	RESPONSE TIME
00:00:03	00:00:15

Imagine that a Canadian marketing firm is doing research in your area.
You have agreed to participate in a telephone interview about your shopping.

Which of the following factors is most important to you when shopping for clothing? Why?
· Fashion
· Price
· Preference

PREPARATION TIME	RESPONSE TIME
00:00:03	00:00:30

Questions 8-10: Respond to questions using information provided

Directions: In this part of the test, you will answer three questions based on the information provided. You will have 45 seconds to read the information before the questions begin. You will have three seconds to prepare and 15 seconds to respond to Questions 8 and 9. You will hear Question 10 two times. You will have three seconds to prepare and 30 seconds to respond to Question 10.

Freelancers' 1-Day Conference
Tokyo Green Convention Center
November 13

Time	Session	Speaker / Facilitator
9:00-9:20 A.M.	Keynote Speech: The Five Tips for Freelancers	Sonia Smith
9:30 A.M.	Workshop: Self-introduction Practice	Sara Matsumoto
11:30 A.M.	Lunch Break	
1:00-2:00 P.M.	Lecture: How to Advertise on Social Media	Kevin Jacobs
2:00-3:00 P.M.	Workshop: Cross-industrial Exchange	Alan Kim
3:30-3:50 P.M.	Closing Speech: Proactive Mindsets	Natasha Park

PREPARATION TIME
00:00:45

Freelancers' 1-Day Conference

Tokyo Green Convention Center

November 13

Time	Session	Speaker / Facilitator
9:00-9:20 A.M.	Keynote Speech: The Five Tips for Freelancers	Sonia Smith
9:30 A.M.	Workshop: Self-introduction Practice	Sara Matsumoto
11:30 A.M.	Lunch Break	
1:00-2:00 P.M.	Lecture: How to Advertise on Social Media	Kevin Jacobs
2:00-3:00 P.M.	Workshop: Cross-industrial Exchange	Alan Kim
3:30-3:50 P.M.	Closing Speech: Proactive Mindsets	Natasha Park

PREPARATION TIME	RESPONSE TIME
00:00:03	00:00:15

Freelancers' 1-Day Conference

Tokyo Green Convention Center

November 13

Time	Session	Speaker / Facilitator
9:00-9:20 A.M.	Keynote Speech: The Five Tips for Freelancers	Sonia Smith
9:30 A.M.	Workshop: Self-introduction Practice	Sara Matsumoto
11:30 A.M.	Lunch Break	
1:00-2:00 P.M.	Lecture: How to Advertise on Social Media	Kevin Jacobs
2:00-3:00 P.M.	Workshop: Cross-industrial Exchange	Alan Kim
3:30-3:50 P.M.	Closing Speech: Proactive Mindsets	Natasha Park

PREPARATION TIME	RESPONSE TIME
00:00:03	00:00:15

Freelancers' 1-Day Conference

Tokyo Green Convention Center
November 13

Time	Session	Speaker / Facilitator
9:00-9:20 A.M.	Keynote Speech: The Five Tips for Freelancers	Sonia Smith
9:30 A.M.	Workshop: Self-introduction Practice	Sara Matsumoto
11:30 A.M.	Lunch Break	
1:00-2:00 P.M.	Lecture: How to Advertise on Social Media	Kevin Jacobs
2:00-3:00 P.M.	Workshop: Cross-industrial Exchange	Alan Kim
3:30-3:50 P.M.	Closing Speech: Proactive Mindsets	Natasha Park

PREPARATION TIME	RESPONSE TIME
00:00:03	00:00:30

Question 11: Express an opinion

Directions: In this part of the test, you will give your opinion about a specific topic. Be sure to say as much as you can in the time allowed . You will have 45 seconds to prepare. Then you will have 60 seconds to speak.

Would you prefer to work in a company as an employee, or be self-employed? Why? Give reasons and examples to support your opinion.

PREPARATION TIME		RESPONSE TIME
00:00:45		00:01:00

This is the end of the Speaking Test.
You may take off your headset now.

Writing Test

Writing Test Directions

This is the TOEIC® Writing Test. This test includes eight questions that measure different aspects of your writing ability. The test lasts approximately one hour.

Question	Task	Evaluation Criteria
1-5	Write a sentence based on a picture	• grammar • relevance of the sentences to the pictures
6-7	Respond to a written request	• quality and variety of your sentences • vocabulary • organization
8	Write an opinion essay	• whether your opinion is supported with reasons and/or examples • grammar • organization

For each type of question, you will be given specific directions, including the time allowed for writing.

Question 1-5: Write a sentence based on the picture

Directions: In this part of the test, you will write ONE sentence that is based on a picture. With each picture, you will be given TWO words or phrases that you must use in your sentences. You can change the forms of the words, and you can use the words in any order. Your sentences will be scored on

· the appropriate use of grammar and
· the relevance of the sentence to the picture

In this part, you can move to the next question by clicking on "Next". If you want to return to a previous question, click on "Back".

You will have 8 minutes to complete this part of the test.

Directions: Write ONE sentence based on the picture. Use the TWO words or phrases under the picture. You may change the forms of the words and you may use them in any order.

man / while

Cut   Paste   Undo   Redo

Hide Word Count   0
Update Word Count

※カラー写真はp.3参照

Directions: Write ONE sentence based on the picture. Use the TWO words or phrases under the picture. You may change the forms of the words and you may use them in any order.

stand / coffee shop

Cut	Paste	Undo	Redo		Hide Word Count	0
					Update Word Count	

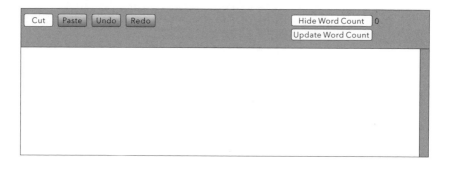

※カラー写真はp.4参照

Directions: Write ONE sentence based on the picture. Use the TWO words or phrases under the picture. You may change the forms of the words and you may use them in any order.

box / in

Cut   Paste   Undo   Redo

Hide Word Count   0
Update Word Count

※カラー写真はp.5参照

Directions: Write ONE sentence based on the picture. Use the TWO words or phrases under the picture. You may change the forms of the words and you may use them in any order.

stop / so that

| Cut | Paste | Undo | Redo | | Hide Word Count | 0 |
| Update Word Count |

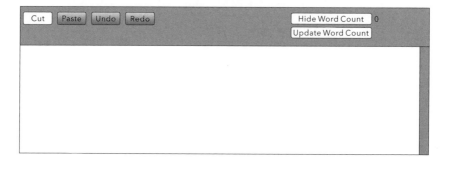

※カラー写真はp.6参照

Directions: Write ONE sentence based on the picture. Use the TWO words or phrases under the picture. You may change the forms of the words and you may use them in any order.

car / because

| Cut | Paste | Undo | Redo | | Hide Word Count | 0 |
| Update Word Count | | | | | | |

※カラー写真はp.7参照

Questions 6-7: Respond to a written request

Directions: In this part of the test, you will show how well you can write a response to an e-mail. Your response will be scored on

· the quality and variety of your sentences,
· vocabulary, and
· organization.

You will have 10 minutes to read and answer each e-mail.

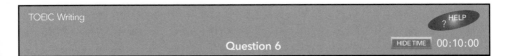

Directions: Read the e-mail below and write an e-mail that responds to the imformation. Respond as if you are T. Kim. In your e-mail, ask TWO questions about your new job, and make ONE request.

From: S. Kato
To: T. Kim
Subject: Welcome to the PR team
Sent: January 31, 11:13 A.M.

We are so glad that you will be joining the public relations team next week! Feel free to ask me if you have any questions about your tasks. Also, please let me know anytime if you need anything.

| Cut | Paste | Undo | Redo |

Hide Word Count | 0
Update Word Count

Question 7

HIDE TIME 00:10:00

Directions: Read the e-mail below and write an e-mail that responds to the imformation. Respond as if you are on the mailing list. In your e-mail, ask THREE questions about the smartphone upgrading program.

From: MASP Co.
To: Customer mailing list
Subject: Upgrade your smartphone
Sent: September 9th, 9:00 A.M.

Are you looking for a more sophisticated smartphone? For our customers with long-term contracts, we are offering an upgrading program right now. You can get a brand-new smartphone of your preference at a lower cost during this campaign season. Contact us to learn more!

Cut Paste Undo Redo   Hide Word Count 0
                                 Update Word Count

Question 8: Write an opinion essay

Directions: In this part of the test, you will write an essay in response to a question that asks you to state, explain, and support your opinion on an issue. Typically, an effective essay will contain a minimum of 300 words. Your response will be scored on

· whether your opinion is supported with reasons and/or examples,

· grammar,

· vocabulary, and

· organization.

You will have 30 minutes to plan, write, and revise your essay.

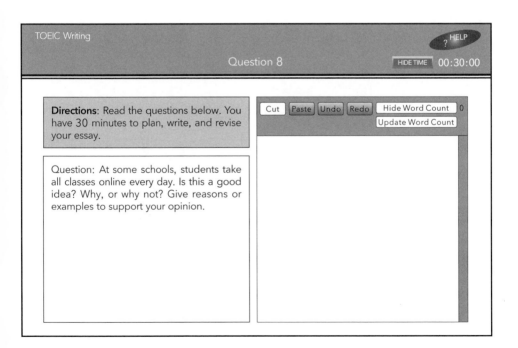

TOEIC Writing

? HELP

Question 8

HIDE TIME 00:30:00

Directions: Read the questions below. You have 30 minutes to plan, write, and revise your essay.

Cut | Paste | Undo | Redo | Hide Word Count | 0

Update Word Count

Question: At some schools, students take all classes online every day. Is this a good idea? Why, or why not? Give reasons or examples to support your opinion.

別冊模試解答参照ページ

Speaking Test　【スピーキング（計11問）】

Writing Test　【ライティング（計8問）】